有趣的插画历史百科书
世界历史

【法】热罗姆·莫夫拉　著　　刘小琳　译
【法】以马内利·埃迪安、让－诺埃尔·霍舒特　绘

北方联合出版传媒（集团）股份有限公司

万卷出版公司

目 录

CONTENTS

远古文明

中世纪文明

古代文明

当代文明

近代文明

人类起源

世界的初始

想一想世界上的第一个清晨。在森林的尽头，旭日东升。这是光和热的唯一来源。那些被夜晚吓坏的人们穿着动物皮毛做的衣服从洞穴和小屋里走出来。

他们就是史前人类。公元前 300 万年，他们出现在非洲大陆上。他们的技能非常落后，他们通过打磨石头，使其变得锋利，以此来制造工具或武器。这就是这个时期被称为"旧石器时代"—— 源自希腊语"老石头"的意思——的原因。

他们以采摘野生的水果和蔬菜、捕鱼或打猎为生。当大自然不再赐予他们更多供给的时候，他们也会跟随着动物一起迁徙，因为他们是游牧民族：他们既没有固定的村庄，也没有固定的住所。

从猿人进化到人类

从史前末期猿人出现一直到史前文化的末期，几十万年过去了。随着他们的进化，种族之间的融合，人类的面孔也变得更加精致起来，他们的大脑更加发达，他们的技能也随之提高。

公元前 15 万年左右，出现了一个新物种：智人，之所以这么称呼他们，是因为这个物种能够思考。他们是与我们最接近的祖先——或许他们看起来与我们差别很大，但他们具有与我们相近的智力和寿命。

火和艺术

公元前 70 万年左右，一个杰出的发现让人类能够取暖、烹饪食物和制作早期的陶器，这项伟大的发现就是火。人类的生活很快地围绕着炉火迅

公元前 300 万年
人类出现在地球上

−3000000　　　　　　　　　　　　　　　−2000000

速发展起来。

　　即使今天，我们与我们的史前祖先（如智人）也有很多相似之处。像我们一样，他们也想了解生与死，公元前7万年，他们就开始给死者下葬，而动物却不会。

　　像我们一样，他们也具有艺术感受力：他们在洞穴的墙壁上作画，画作的内容是他们狩猎动物时的场景、一些植物和他们自己，就像在公元前1.7万年的拉斯科洞穴发现的一样。这些画作是最早的艺术品！它们见证了我们并不了解的史前人类生活。

智人练习狩猎，捕鱼和采集，他们发现了火，使用了工具并装饰了洞穴的墙壁

公元前 1.7 万年
拉斯科洞穴

公元前 7 万年
最早的下葬仪式

公元前 70 万年
火的发现

公元前 15 万年
智人的出现

- 1 000 000

- 3 300

最早的村庄

人类开始定居下来

公元前1万年左右，在中东地区，在一个叫作"肥沃的新月"的地方，发生了一个巨大的变化：人们学会了耕种土地，这是农业的开端。他们也学习了驯养动物——这为他们提供了所需的肉、牛奶、动物皮毛，并开始用它们耕种土地或负责运输——畜牧业也由此诞生了。

得益于农业和畜牧业这两次革命，人类开始在一个地方定居下来：他们再也不用到处寻找食物了。因此，他们开始建立最早的村庄，即用干土和石块建造简单的小屋。

最早的村庄
————————

公元前 15 万年
智人的出现

公元前 7 万年
最早的下葬仪式

− 150 000   − 130 000   − 110 000   − 90 000

在接下来的几百几千年里，农业和畜牧业传播到了世界各地，由非洲南部到东方的亚洲。它们在公元前 5000 年左右传播到欧洲西部。

新石器时代

农业和畜牧业所带来的食物增加促进了人口迅速增长。现在人们可以一起工作，并有时间改进他们的技术和工具。他们的其中一项重大进步是如何处理石头：他们开始打磨石头，而不是切削石头，这样可以使石头更加锋利，并且可以制作出更加精良的武器。

这一巨大变化是新时期的开端："新石器时代的革命"，即"新石头"的革命。

青铜器时代 铁器时代

随着技术不断进步，公元前 5000 年左右，人们知道如何熔化矿石来冶炼金属：首先是铜，然后是青铜，即一种铜和锡的混合物。冶金学也因此而诞生了，人类是冶金学诞生的奠基者。

在巨石阵的史前遗址上的宗教仪式

公元前 5000 年至公元前 1500 年间，人类学会了处理更重更大的石头，称为"巨石"，例如在布列塔尼的卡纳克的石碑中或英格兰巨石阵中可以看到的石柱。这些巨石排列的意义至今尚未可知，但我们想象它们是宗教仪式或太阳崇拜的一部分。

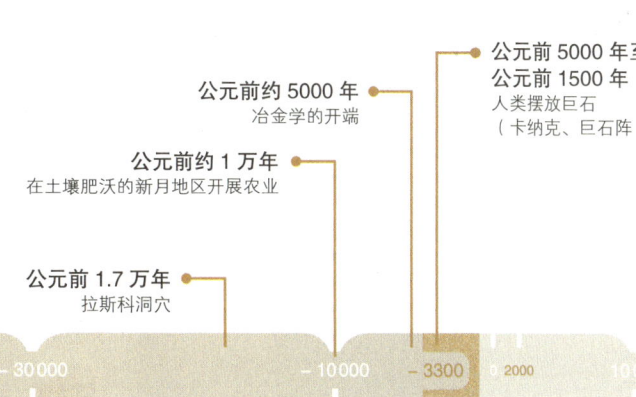

公元前 5000 年至
公元前 1500 年
人类摆放巨石
（卡纳克、巨石阵）

公元前约 5000 年
冶金学的开端

公元前约 1 万年
在土壤肥沃的新月地区开展农业

公元前 1.7 万年
拉斯科洞穴

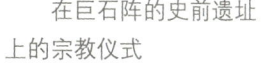

- 50 000　　　　　- 30 000　　　　　- 10 000　　- 3300　　2000　　10000

历史的开端

有组织的社会生活的开端

在很长一段时间里，人们在部落中一起生活。他们在没有领导者的情况下，通过尊重相同的习俗和信奉同样的信仰而团结起来。公元前 3500 年至公元前 3000 年，在美索不达米亚，即底格里斯河和幼发拉底河之间的中东地区，人们决定聚集在一起成为一个国家，在国家中的秩序和法律由一个统一的权力领导。

第一个国家覆盖了小范围地区。它们是乌尔、乌鲁克、拉加什、基什等城

最早的国家出现的时候，我们可以在美索不达米亚看到的城市

● 公元前 15 万年
智人的出现

公元前 7 万年 ●
最早的下葬仪式

− 150000　　　　　　− 130000　　　　　　− 110000　　　　　　− 90000

市……自然比村庄大得多。

我们在这里可以看到很多大型的建筑，如国家的宫殿、众神的寺庙、富人的豪宅或是小商人和工匠的温馨小屋。国家的职能是避免产生争端，人们也可以投身到各行各业，每个人都在自己的工作岗位上工作得更加游刃有余。因此，国家变得更加富裕，社会分工也更加明确。

文字的发明

国家已经拥有了大片领土，因此需要在每个地方都施行相同的政策。此外，商人也需要计算账目并与客户沟通。所有这一切都得益于公元前3400年到公元前3300年之间文字的发明。

首先，他们用符号表达物品或想法。但很快，他们意识到用声音和音节来表达更加容易。楔形文字（"钉子"形状）就是一个例子。后来，每个字母代表一种声音，就像公元前1300年左右发明的腓尼基字母一样。最初，他们在黏土上，在纸莎草（一种植物纤维）上，或是动物的皮毛上写字，后来中国人发明了造纸术。

楔形文字书写的一个例子。这些字母写在黏土片上

人类进入了历史舞台

文字的发明结束了史前文化。文字出现以前，我们只能通过他们遗留下来的物品的痕迹了解他们，知道他们的生活。有了文字，他们开始书写自己的故事，这些故事组合在一起就是历史，也就是你今天在这本书中读到的。

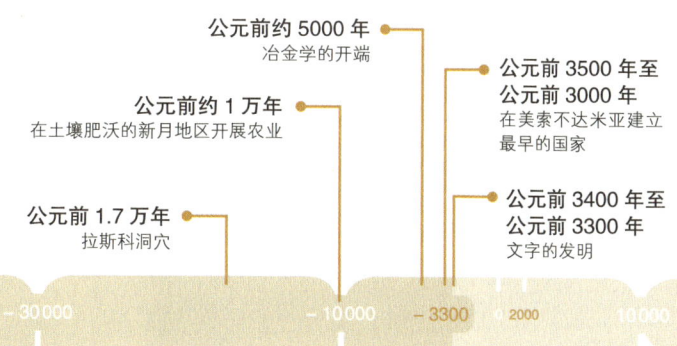

公元前约5000年
冶金学的开端

公元前约1万年
在土壤肥沃的新月地区开展农业

公元前3500年至
公元前3000年
在美索不达米亚建立
最早的国家

公元前1.7万年
拉斯科洞穴

公元前3400年至
公元前3300年
文字的发明

- 50 000   - 30 000   - 10 000   - 3300   2000   10 000

美索不达米亚文化

两河流域文明

美索不达米亚地区是农业和畜牧业的发源地……这个地区（源自古希腊语，意思是"两河之间的地方"）位于底格里斯河和幼发拉底河两河流经地带，长年容易遭受洪水灾害。然而，在夏天的时候，又要经历很长的干旱期。于是聪明的美索不达米亚人想到一个好办法，可以在这里挖一个大型的水库，在洪水泛滥的时候把水都储蓄到水库里，然后通过水渠流向农田，这就是"灌溉"。灌溉为农业带来了更好的收成，使美索不达米亚更加富庶，为各行各业发展创造了有利的条件。

公元前4000年到公元前2000年间，苏美尔人统治了美索不达米亚地区。就是他们创建了城邦、发明了文字。虽然他们很聪明，但是他们并不是很团结，最后被削弱了势力。公元前2340年左右，美索不达米亚地区又被邻国——由萨尔贡大帝领导的阿卡德王国占领。这宣告着苏美尔时代的结束。胜利的阿卡德人因此创造了历史上的第一个"帝国"，即由很多城市和不同民族组成的国家。

古巴比伦王国，美索不达米亚文明的奇迹

一个强大的帝国自然需要一个首都。于是阿卡德人将首都建在幼发拉底河流域，称之为古巴比伦城。这里曾经是一座最繁华最壮丽的城市，这里建有被称为"金字塔"的雄伟壮丽的宫殿。古巴比伦人喜欢在宫殿顶端夜观天象，他们是最早的天文学家。他们也开始研究数学，用来计算预测恒星的轨道运行。

在公元前6世纪左右，古巴比伦人在环绕巴比伦城周围的城墙上修建了一座巧夺天工的花园，如同悬挂在空中，故称"空中花园"。

古巴比伦王城还制定了最早的法典，叫《汉穆拉比法典》。是历史上第

公元前2340年左右
萨尔贡大帝占领了美索不达米亚地区

-3500　　　-3300　　　-3000　　　-2500　　　-2000

公元前4000到公元前2000年间：苏美尔人统治美索不达米亚地区

古巴比伦的"空中花园"是世界的七大奇迹之一

一次将口头传达的习俗变成了书写成文的法典。巴比伦王国曾被誉为坚不可摧的王国。然而，万万没想到，在公元前6世纪，波斯征服者居鲁士大帝通过给幼发拉底河排水，迫使水流入他在农村挖掘的湖泊中。一旦水位到达足够深的时候，他的军队就可以在河床上行走。巴比伦人没有料想到这次突然袭击，这座城市很快就被占领了。

《吉尔伽美什史诗》

美索不达米亚人创造了世界上最古老、最悠久的文学著作：《吉尔伽美什史诗》。吉尔伽美什是乌鲁克的国王，和他的朋友恩奇都一起，创作了许多英雄赞歌，但是恩奇都的离世让吉尔伽美什意识到有一天他也会离开。于是他走遍天涯海角，跨过千山万水去寻找永恒。有一天，他来到了太阳落山的地方，这让他释然，意识到只有神才会永垂不朽。吉尔伽美什意识到他必须充分利用他余下的时光，好好生活，之后他回到了乌鲁克国。

公元前6世纪
居鲁士大帝占领巴比伦王国

-1000	-500	0	476	500

古埃及，法老时代的文明

"尼罗河的赠礼"——埃及

　　古埃及位于北非最干旱的地区。尼罗河算是唯一的水源，这也就是古埃及人之所以沿着尼罗河沿岸紧密定居的原因。古埃及的领土就像一条延伸在1000公里肥沃土地上的绸带。尼罗河一年一次的洪水泛滥灌溉了土地，滋润了土壤，这也为农业生产带来了巨大的收成。因此，古埃及人把尼罗河称为"神"，把古埃及称为"尼罗河的赠礼"。其实，这主要归功于聪明的古埃及人善于控制和治理尼罗河的泛滥，古埃及文明才得以发展。

　　每年尼罗河的洪水都会泛滥，泛滥期间淹没了农田，淹没的土地也因此变成了肥沃的耕地

法老统治下的大国

　　古埃及是一个大国。在很长一段时间里，古埃及被分成两个国家，在北方的是上埃及王国，又叫"红色王国"；在南方的是下埃及王国，又叫"白

公元前 3200 年
纳尔迈统一了上下埃及

-3500　　　-3300　　　-3000　　　-2500　　　-2000

公元前 2700 年至公元前 2200 年间
旧王国时期

公元前 2035 年至公元前 1780 年间
中王国时期

色王国"。"红色王国"的国王戴着一个缠着红色眼镜蛇的王冠，"白色王国"的国王戴着一个白色锥形的王冠。

在公元前 3200 年，纳尔迈统一了上下埃及，他是第一个戴着由上下埃及王冠组成的双王冠的人。从纳尔迈统治时期开始，古埃及的国王被称为"法老"。对于古埃及人来说，法老是太阳神的儿子，等同于神，也拥有神奇的力量。

拉美西斯二世在公元前 1279 年至公元前 1213 年间统治古埃及，是古埃及历史上最著名的和拥有最多辉煌功绩的法老之一：他击退了强大的赫梯人入侵，修建了一条贯通尼罗河到红海的运河。

古埃及一共经历了 26 个朝代的更替，也就是说由 26 个王室相继统治，直到公元前 525 年被波斯人入侵占领。因此，埃及王国持续了近 3000 年，延续了三个时期：即旧王国时期、中王国时期和新王国时期。

文士和象形文字

古埃及的大部分居民都是农民或手工艺者。他们服从法老的统治，听从宗教祭司的教导，遵守官员的管理。文士曾是古埃及非常重要的人物，因为他们可以读写象形文字，这是古埃及人的神圣文字。在很长一段时间里，象形文字始终是一个谜。直到拿破仑远征埃及时（1798 年），一名士兵带回了一块刻有象形文字的石头，即罗塞塔石碑，才在几年以后的 1822 年，被法国学者商博良设法成功破译了。正是由于商博良，我们现在才可以详细地了解古埃及的历史、宗教和人们的生活。

这些图案代表了象形文字。文字就是图案

公元前 1279 年至公元前 1213 年
拉美西斯二世统治

公元前 525 年
波斯人侵略埃及

− 1000   − 500   0   476 500

古埃及人，多神论的民族

多神信仰的宗教体系

古埃及人是多神教徒，也就是说他们崇拜或信仰很多神（这个说法来源于希腊语，意思是"很多上帝"）。太阳之神——阿蒙·拉对于他们来说是最重要的神，因为他不仅是万事万物的造物主，还是古埃及的第一位国王。法老其实就是太阳神的化身，也是太阳神的接班人。

奥西里斯是另一位非常重要的神。古埃及人认为是他创造了语言，发明了所有的技术。根据传说，在他和平统治时期，因为嫉妒他至高无上的权力，他的兄弟赛特在一次宴会上将奥西里斯杀害，并把他切成十四块，扔到尼罗河里。多亏了奥西里斯的妻子伊西丝找回了他的全部尸体，并用绷带缠上将它们重新归位，才复活了奥西里斯。奥西里斯就是历史上第一个木乃伊。

著名的吉萨狮身人面像

公元前 2700 至公元前 2600 年
修建金字塔

公元前 3200 年
纳尔迈统一了上下埃及

−3500　　−3300　　−3000　　　　−2500　　　　　−2000

公元前 2700 年至公元前 2200 年间
旧王国时期

公元前 2038 年至公元前 1780 年间
中王国时期

气势恢宏的神庙

没有任何一个民族可以在底比斯建造像卢克索或者卡纳克那样规模宏大、气势恢宏的神庙，也没有任何一个民族可以为他们的信仰付出如此之多。古埃及人在沙漠中建造了巨大的金字塔用来作为国王的陵寝。公元前2700年至公元前2600年间，他们修建了胡夫金字塔、哈夫拉金字塔和门卡乌拉金字塔，以及一座狮身人面像，这是一座高20米、外形是一个狮子的身躯和人的头像的雕像，用来保护国王的陵寝。

胡夫金字塔的建造

死后去天堂，还是下地狱？

根据古埃及人的说法，在死亡的那一刻，他们的灵魂会回到奥西里斯的宫殿前。在那里，他们的灵魂会被称重：如果他们的罪孽深重，就会受到惩罚；如果他们广行善事，死后就会进入死者天堂。

古埃及人相信永生，并相信他们的灵魂有可能再次回到他们原来的身体里。这就是他们用特殊的材料处理，并用长布条把尸体包裹起来做成木乃伊，再放到封闭石棺中的原因。他们熟练地掌握了防腐技术，使得几千年以后出土的木乃伊几乎保护得完好无损。

公元前525年
波斯人侵略埃及

公元前1279年至公元前1213年
拉美西斯二世统治

−1000   −500   0   476 500

希伯来人，上帝的子民

摩西，在埃及的希伯来人的领袖

公元前1300年左右，在埃及的希伯来人起义请求离开埃及。作为他们的领袖，摩西请求法老容许他们离开埃及，但法老没有同意。据说，埃及遭受了希伯来神的严厉惩罚：尼罗河河水被下毒，成群的昆虫覆盖了整个国家，所有埃及人家中的长子都相继去世了……

面对这样的灾难，法老最终屈服并且释放了他的奴隶。这样一来，希伯来人才能够返回故土：位于今巴勒斯坦及其周边的迦南地区。摩西在西奈山上将上帝告诫他的十诫刻在法版上（比如："你不可以杀人"），这些告诫变成了这个民族和其他民族的道德准则。基督教也是历史上首个尊奉单一神的宗教，即耶和华。

以色列王国

为了在战争期间更好地保护自己，希伯来人建立了一个国家：以色列王国，扫罗是第一位国王。不久，邻国非利士就向以色列王国发起战争。在这场战争中，有一个名叫歌利亚的非利士勇士每天都站在山顶上向以色列人讨战，以色利人都很

-3500   -3300   -3000   -2500   -2000

害怕他，不敢与他应战。

有一天，一位名叫大卫的牧羊人来到希伯来营地为他们运送食物。当他看到那个非利士勇士歌利亚高高在上地侮辱以色列王国的军民时，他决定与歌利亚作战。虽然歌利亚全副武装，而大卫只拿了一个弹弓，但是他只用了一块石头就击倒了歌利亚，并取得了胜利。

然而，扫罗最终还是被非利士人击败并不得不自杀。

扫罗的儿子们也相继被杀害，为了表彰大卫的勇敢，他被推崇为国王。随后，大卫征服了属于耶布斯人的耶路撒冷城，并将其作为首都。后来，他的儿子所罗门在这里建造了一座巨大而宏伟的圣殿，用来纪念耶和华。

几个世纪以来，以色列王国一直繁荣昌盛。

《圣经》

为了解释万物的创造和人类的诞生，希伯来人书写了《圣经》。《圣经》中讲述了他们的祖先亚伯拉罕、以撒和雅各三个族长之间的故事。《圣经》里还介绍了在摩西的领导下，希伯来奴隶被埃及释放，他们穿过沙漠，最终在巴勒斯坦定居下来的内容。后来，希伯来先知制定了道德准则十诫："不伤害他人是不够的，同时也必须尝试为包括他的敌人在内的所有人做好事。"

年轻的牧羊人大卫，手里拿着他唯一的弹弓，站出来与勇士歌利亚对战，并取得了胜利

公元前 1300 年
左右
希伯来人离开埃及

公元前 957 年
建造第一座耶路撒冷圣殿

-1000   -500   0   476 500

希伯来人，从圣殿的毁灭到信奉耶稣基督

圣殿被毁

公元前 587 年，巴比伦国王尼布甲尼撒入侵耶路撒冷，摧毁圣殿并将希伯来人赶到巴比伦。但是在公元前 538 年，巴比伦王国被波斯人征服，波斯人允许希伯来人重新回到故土生活，重建耶路撒冷圣殿。

截至波斯帝国遭受亚历山大大帝的沉重打击之前，耶路撒冷王国已经享有了两个世纪的和平稳定发展时期。紧接着，耶路撒冷王国又归属于亚历山大大帝和他的继承者们。他们给耶路撒冷王国带去了希腊语和希腊的文化。不久以后，罗马帝国又吞并了这一地区，并把当地人称为"犹太人"，同时允许他们保留了他们的宗教信仰，然而很多人都反对罗马帝国的统治。

公元 65 年至公元 70 年间，他们发动了一场针对罗马帝国的起义，然而这场起义以失败告终：许多犹太人被杀害，罗马人再次摧毁了耶路撒冷圣殿。今天，这里只剩下一面墙，叫作"哭墙"。犹太人至今仍在这里祈祷。其实从巴比伦时代，许多犹太人就已经离开，流亡并分

公元前 587 年，耶路撒冷圣殿被毁。巴比伦国王尼布甲尼撒的军队夷平了整个城市并控制了所有人

散到世界各地，即所谓的"侨民"（希腊语意为"分散"的意思）。在第二圣殿被毁之后，侨民增加，许多犹太人在整个罗马帝国，特别是在欧洲定居。

信奉救世主弥赛亚

长期以来，一直饱受迫害和外族统治的犹太人迫切希望上帝为他们派来一位杰出的国王，可以帮助他们恢复以色列王国的独立自主，恢复世界的和平，并通过他的善举为世人做出榜样。犹太人急切地期待他的到来，并把他称为"弥赛亚"。

耶稣基督和他的道德

在 12 月的一个晚上，一个孩子出生在伯利恒的一个温和的马厩里，他被起名为耶稣。耶稣长大以后，教导人们的道德要求是很高的：不可以互相仇恨，要爱邻舍如同爱自己，甚至还要爱自己的仇敌，而且慈悲善意应该高于简单的正义。他不仅面向犹太人，而且呼吁所有人都应该遵守这样的道德。很多人都认为他就是弥赛亚。可是，圣殿的祭司并不认同他的道德，并把他这种行为视为挑战他们的权威。与此同时，罗马人也不信任他，认为他的做法是为了激起人民的反抗。这就是在公元 30 年左右，耶稣被判处死刑并被钉死在十字架上的缘故。在《圣经·新约》中记载了他的生平和他的教训，这也是《圣经》的第二部分。

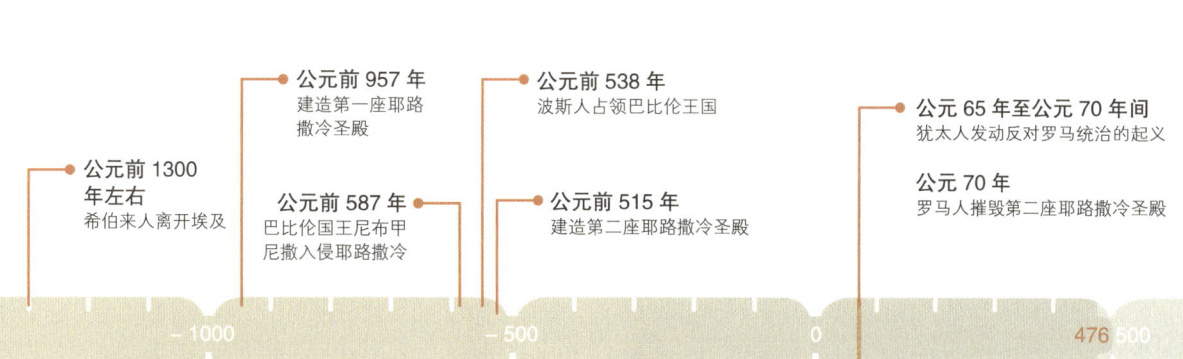

公元前 1300 年左右
希伯来人离开埃及

公元前 957 年
建造第一座耶路撒冷圣殿

公元前 587 年
巴比伦国王尼布甲尼撒入侵耶路撒冷

公元前 538 年
波斯人占领巴比伦王国

公元前 515 年
建造第二座耶路撒冷圣殿

公元 65 年至公元 70 年间
犹太人发动反对罗马统治的起义

公元 70 年
罗马人摧毁第二座耶路撒冷圣殿

−1000   −500   0   476 500

希腊文明，一个自由城邦的世界

群山林立，锯齿状的岛屿众多，深蓝色的海水环绕，这就是希腊的领土，这里也是欧洲历史甚至是世界历史上最重要文明的发源地之一。

第一个城邦的建立

这一切都始于公元前 2000 年左右。有一个民族，赫楞民族，他们在希腊建立了包括迈锡尼在内的几个城邦——因此这个时代被称为"迈锡尼时代"。公元前 1200 年左右，由于鲜为人知的原因，迈锡尼文明衰落，四个世纪以来几乎没有留下任何痕迹，因此被称为"黑暗时代"。

从公元前 8 世纪开始，希腊人口迅速增长。希腊人通过腓尼基字母创造了自己的文字，并开始开展更多的贸易。这次复兴要归功于他们进行的社会重组：由国王统治的君主制变成了法律面前人人平等，由不同的地方法官分享政治权利的国家，也是历史上首次由人民投票结果来制定法律。

斯巴达

在古希腊最富盛名的城市中，地处于希腊南部、伯罗奔尼撒半岛的斯巴达更被我们所熟知。这个城市一直施行君主制，但是有两个君主，即"二王制"，这样可以起到互相制约对方的作用。斯巴达还拥有一个元老院和一个公民大会。

斯巴达人享有公民权，所有公民之间都是平等的：他们拥有同等的土地，同样大小的房屋和享用同样的食物。孩子们接受到的是完整的公民教育制度，而不是父母的教育。他们接受到的是残酷严格的军事训练，而不是如何培养他们读书和写作的能力。

雅典

雅典的阿提卡市在古希腊文明的政治、艺术、文化等方面扮演着重要

角色。它的黄金时代，即公元前 5 世纪，甚至被称为"希腊奇迹"。

斯巴达人是对手所畏惧的强大战士。比如塞萨利亚人，他们的骑兵在公元前 510 年就被斯巴达步兵击碎了

古雅典人确定了法律面前人人平等以及言论自由的权利——这意味着即使是地位最卑微的公民也可以在公民大会上畅所欲言，而不必担心因此而入狱。他们将所有法律法条书写成文，以便让每个公民更好地行使监督权。

每个月，公民都需要参加一个在雅典广场上举行的盛大集会。他们一起讨论是否通过由 500 人组成的众议院提出的立法条文。他们通过水流满穿孔双耳瓶的时间来确定每个人的发言时间。雅典的领导人由人民抽签选择，以防止某个人独权或专政。权力掌握在人民的手中。雅典是世界上第一个民主国家（这个词来自希腊语，意思是"人"和"权力"）。

公元前 8 世纪左右
希腊第一个城邦建立和希腊文字的创造

公元前 5 世纪
古希腊的黄金时代

−1000   −500   0   476

希腊文明，一个勇士的文明

第一次中世纪战争

在古希腊的所有敌国中，波斯人是最强大的。因为波斯人很早之前已经同米提亚人结合，我们把这场古希腊反对波斯人进攻的战役称为"中世纪战争"。

公元前490年，波斯国王大流士向古希腊派出军队，发起了第一次米提亚战争。尽管古希腊的部队人数不足波斯军队的二十分之一，但是他们训练有素、纪律严明，更为重要的是，他们是志愿为了自由而组建的一支军队，而波斯士兵多数是被迫而战的。

在马拉松，希腊人取得了一场决定性的胜利。传说有一名士兵为了向雅典宣布这一消息，拼尽全力跑了42.195公里，从马拉松一直跑到雅典，筋疲力尽，在他跑到雅典的时候不幸去世了。从此以后，我们将"马拉松"称为一场激烈的长跑比赛。

第二次中世纪战争

十年后，大流士的继任者——薛西斯想要为他的父亲复仇。他派出了10万士兵，并发动了第二次战争。在古希腊国王列奥尼达斯的委任下，

薛西斯打算公元前480年在萨拉米斯战役期间击败雅典战队

−3500   −3300   −3000   −2500   −2000

公元前2000至1200年间
迈锡尼时期

300 名斯巴达勇士利用两座山脉之间的狭窄通道，即狭路，试图阻挡他们的敌人，称为"温泉关"（用来形容以少数的兵力英勇抵抗更强大的敌人）。但是，被自己人背叛的斯巴达人很快被他们的敌人所包围，并最终战败。

波斯人占领了雅典。然而，米斯托克利将军命人制造了三层划桨战船，这种战船比波斯人的战船快得多，而且更易于操作。米斯托克利将军将重型波斯战船引到将萨拉米斯岛与阿提卡海岸隔开的海峡，并命人突袭他们。雅典三层划桨战船摧毁了重型波斯战船，波斯人被彻底打败了。雅典又重新获得独立。

从伯罗奔尼撒战争到亚历山大大帝

雅典在波希战争中发挥了重要作用，并在波希战争以后成为希腊的霸主。但是在公元前 5 世纪末，斯巴达不满这种霸权。一场可怕的战争就这样在雅典和斯巴达之间爆发了，即伯罗奔尼撒战争。斯巴达最终取得了胜利，但这两个城邦都元气大伤。于是也加快了希腊城市的衰落。公元前 338 年，马其顿国王菲利普征服了希腊。

菲利普国王有一个儿子，叫亚历山大。亚历山大在小的时候，曾经成功地驯服了一匹所有骑士都无法驯服的野马，菲利普国王非常欣喜，他认为他的儿子将成就大业。事实上也是如此，在亚历山大才 20 岁的时候，他就已经去征服世界各地了。他占领了波斯帝国、叙利亚、埃及，并在埃及建立了亚历山大城，他甚至远征到了印度。他把古希腊的文明和语言也带到了这些国家。由于他的卓越成就，人们称他为"亚历山大大帝"。

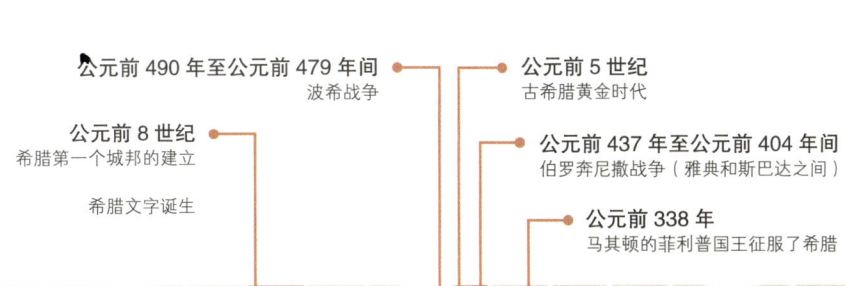

公元前 490 年至公元前 479 年间
波希战争

公元前 5 世纪
古希腊黄金时代

公元前 8 世纪
希腊第一个城邦的建立

希腊文字诞生

公元前 437 年至公元前 404 年间
伯罗奔尼撒战争（雅典和斯巴达之间）

公元前 338 年
马其顿的菲利普国王征服了希腊

−1000   −500   0   476

希腊文明，是哲学家和学者的文明

希腊哲学家

在希腊的城市里，政治的行使鼓励公民参与讨论。为了说服对方，公民越来越依赖理性而不是信仰。这种思维方式促进了科学和哲学的诞生。

从公元前 6 世纪开始，人们试图科学地解释世界。然后，在公元前 5 世纪，被称为诡辩者的思想家从一个城市到另一个城市旅行：他们看到了不同的习俗，但同时也看到了相似的行为。古希腊人因此反思了人的本性。

苏格拉底是最早的哲学家之一——"哲学"这个词的意思是"爱智慧的人"——他教导他的学生如何自己独立地思考，而不是盲目地遵循多数人的意见。柏拉图是他的学生，亚里士多德是柏拉图的学生。今天在欧洲的学校里，人们依然在学习他们的思想和观点。

希腊的学者

古希腊的哲学家对人的本性很感兴趣，同时也对事物的性质，也就是说一切生物、物理现象或恒星感兴趣，对此他们都试图给出科学的解释。事实上，在他们出现之前，人们认为河流、山脉、风、雷等这些现象都取决于神的意志。古希腊最早的物理学家泰勒斯、阿那克西曼德和米利都的

-3500 -3300 -3000 -2500 -2000

泰勒斯都认识到情况并非如此，并且解释了这些现象都是自然的法则。

古希腊的学者观测天空，但是他们并不满足于只观测星星。公元前3世纪，萨摩斯的阿里斯塔克斯成功地证明了是地球围绕着太阳旋转而不是太阳绕着地球旋转的"日心说"。通过计算，他还非常精确地测量了从地球到月球的距离。

另一位天文学家，昔兰尼的埃拉托色尼，以惊人的精确度测量了地球的周长。但是这些发现后来被遗忘了，直到几个世纪以后，科学家才更加精确地重新测算出来。

同样，在医学领域，古希腊人并不局限于治疗疾病，他们还希望更加科学地了解人体的功能结构。古希腊最伟大的医生——希波克拉底和盖伦做了精确的医学报告，这些报告在今天看来仍然有效。他们对于医学的贡献是卓越的，因此直到今天，全世界大多数医生在进入职业生涯之前仍要宣读"希波克拉底誓言"。

古希腊人在所有科学领域都表现出色：数学、动物学、生物学、医学、地理学、历史、话语艺术、语法、政治……

柏拉图（公元前427—公元前348），被他的学生包围

公元前490年至公元前479年间
波希战争

公元前437至公元前404年间
伯罗奔尼撒战争（雅典和斯巴达之间）

公元前5世纪
希腊黄金时代

公元前338年
马其顿的菲利普国王征服了希腊

公元前8世纪
希腊第一个城邦的建立

希腊文字的诞生

公元前470年至公元前399年间　苏格拉底
公元前460年至公元前377年间　希波克拉底
公元前427年至公元前348年间　柏拉图
公元前384年至公元前322年间　亚里士多德

0　　　−1000　　　−500　　　0　　　476 500

宗教是希腊文明的核心

众神与英雄

像美索不达米亚人和古埃及人一样，古希腊人也是多神教徒。他们的神看起来像男人和女人，他们有人的品质和缺点。他们一直是不朽的，住在北部一座迷雾环绕的神圣的奥林匹斯山上。

宙斯是众神之神。他掌管雨、电、雷。他的妻子叫赫拉。其他众神分别是：美丽和太阳之神阿波罗，战神阿瑞斯，月亮女神阿耳忒弥斯，收获女神得墨忒耳，海神波塞冬，等等。

古希腊人认为众神可以直接掌管他们的生活。所以他们在每次战斗或每一个重要事件之前都会向众神祈祷，并定期在庇护所里进行祭拜。在德尔斐的阿波罗神庙中，一位名叫皮提亚的女祭司通过神谕预言了未来。在奥林匹亚，人们通过体育比赛和诗意游戏来共同祭拜众神，获奖者可以获得桂冠。

迈锡尼时期

还有一些人因为拥有了非凡的勇

这座巨大的雕像代表了众神之神——宙斯。它在希腊西海岸的奥林匹亚被发现，是由金子和象牙制成的。

它是古代世界的七大奇迹之一，但在 461 年的火灾中被摧毁

-3500　　-3300　　-3000　　　　-2500　　　-2000

气和卓越的品质也被奉为神，他们就是英雄。在这些英雄之中，赫拉克勒斯是最有名的一个。因为冒犯了宙斯的妻子赫拉，他被判处须完成十二个常人根本无法完成的任务。他不得不徒手去扼杀尼米亚的狮子。还有一个英雄是忒修斯，他杀死了一个装在克里特岛迷宫中的牛头怪。

《伊利亚特》

古希腊人喜欢关于神和英雄的故事，同时也喜欢关于战士和国王生活的故事。其中有两个故事非常有名：它们是《伊利亚特》和《奥德赛》，是由诗人荷马在公元前 8 世纪所创作的。

在《伊利亚特》中，荷马讲述了特洛伊战争。这场战争源于特洛伊人绑架了一名来自斯巴达的女子，她名叫海伦。被冒犯的希腊人寻求复仇，在阿伽门农国王的带领下，他们越过爱琴海围攻特洛伊。像雅典娜或阿瑞斯这样的神参与了战争，像阿喀琉斯、帕特洛克罗斯或赫克托尔这些伟大的战士也参加了战斗。战争持续了 10 年。最后，古希腊人使用了一个小伎俩：他们的战士都躲到了一匹巨大的木马里，特洛伊人以为这是一件礼物，就把木马抬进他们的堡垒里，最后古希腊人利用木马计取得了胜利，夺走了特洛伊。

《奥德赛》

《奥德赛》则讲述了希腊军队的一位领导人，伊萨卡岛国王尤利西斯的回归。这个归程其实只需要几个星期的航行，但是却用了好多年，因为海神波塞冬讨厌尤利西斯，因此尽可能地让他偏离航线。经过几千次的冒险，最终尤利西斯找到了他的妻子佩内洛普和他的儿子特勒马科斯。

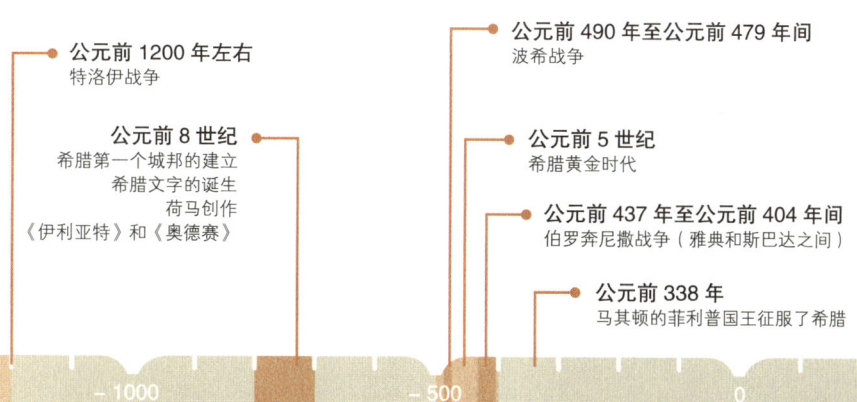

公元前 1200 年左右
特洛伊战争

公元前 8 世纪
希腊第一个城邦的建立
希腊文字的诞生
荷马创作
《伊利亚特》和《奥德赛》

公元前 490 年至公元前 479 年间
波希战争

公元前 5 世纪
希腊黄金时代

公元前 437 年至公元前 404 年间
伯罗奔尼撒战争（雅典和斯巴达之间）

公元前 338 年
马其顿的菲利普国王征服了希腊

0   -1000   -500   0   476 500

罗马的起源

> 与古希腊人一样，古罗马人对欧洲文明产生了巨大影响。

传奇的诞生

罗马的历史始于公元前 753 年的一条河流——台伯河。传说有一对双胞胎，罗慕路斯和雷木思，被放在一个篮子里扔进一条河里。众神庇护了他们，让篮子漂到岸边，一只母狼发现了他们并养育了他们。长大成人后，两兄弟因为谁将成为他们想要创造的城市之王的问题而产生了冲突。罗慕路斯杀死了雷木思，并以自己的名字为新城罗马命名。

早期的罗马

古罗马的疆土汇集了七个山丘上的村庄而建立起来：卡皮托勒、帕拉蒂尼、凯利乌斯、奎里纳尔、维米纳尔、阿文廷和埃斯奎奥德赛里。由于古罗马人没有妻子，他们就带走了邻国萨宾斯的年轻女孩儿作为配偶，两国人民也因此结成了联盟：年轻女孩儿与古罗马人结婚，罗马国王则交替出现在萨宾人和罗马人之中。

不久之后，意大利中部的伊特鲁里亚人入侵了该地区。受古希腊人文化的影响，他们的文明更为先进。他们晒干了山丘间的沼泽，铺设了街道，建造了宏伟的石头纪念碑，修建了台伯河的港口和城墙。古罗马变成了一个拥有众多街区的城市，富人区居住着贵族，普通社区则居住着普通居民和下等人。

公民意识的崛起

在公元前 509 年，由于对伊特鲁里亚的最后一个国王塔克文·苏佩布（意思是"骄傲的"）藐视行为的不满，贵族们于是驱逐了这个国王，并建立了一个新的共和国。由选举出的地方法官取代了国王：两位领事掌管政府，执政官负责伸张正义，市政为当局提供给养，财务大臣管理财政。通

-3500   -3300   -3000   -2500   -2000

过几个会议的讨论作出了重要的决定：参议院只针对于贵族阶级，而选民会是人民可以畅所欲言，表达自己观点的地方。

在建国初期，古罗马是盖在帕拉蒂尼山上的一些简陋小屋

古罗马人民非常了解自己和国家职能的重要性。辛西内塔斯的故事就是一个很好的例子。有一天，当古罗马受到入侵者的侵略时，他们跑去寻求辛西内塔斯的帮助，他是曾经就职于古罗马的已经退休的领事。退休以后，他从事农耕工作。他起初拒绝帮忙，然而，当古罗马全国都陷入了困境和危难之中时，他最终还是接受了提议，成为了所谓的"独裁者"，即独自领导国家和军队抵抗外敌入侵。他在几天内就粉碎了敌人，然后谦卑地回到他的农田里，没有企图保留权力。

公元前 753 年
罗慕路斯建立罗马

公元前 509 年
古罗马贵族创建了罗马共和国

−1000   −500   0   476 500

罗马共和国的战事和领土扩张

由城市变成整个罗马帝国

古罗马起初只是一个小国家，古罗马人仅统治罗马。很快，他们征服了意大利的中心，然后一路向南，征服了由古希腊统治的南方。现在除了西西里岛之外，几乎整个意大利都是他们的。西西里岛仍然受到迦太基人的控制。这些人来自中东的腓尼基，他们曾在今天突尼斯的领土上殖民过，他们在那里发展了一个辉煌灿烂的航海文明和商业文明。

腓尼基战争的爆发源于古罗马人想要占领由迦太基统治的西西里岛。迦太基的军事天才汉尼拔将军，带领他的军队翻越阿尔卑斯山脉去攻打古罗马人，但是古罗马人在经历了一个世纪的三场战争之后，于公元前146年击败迦太基，并使之成为古罗马的一个行省。

古罗马人占领了希腊、马其顿、亚得里亚海沿岸，并向叙利亚和埃及进一步扩张。公元前27年，当奥古斯都成为皇帝时，罗马是地中海周围所有土地的主人，成为最强大的古代帝国。

永不停止的征服

阿尔卑斯山北部延伸地带存在许多国家，其居民被称为"蛮族"，因为他们没有文字，也没有国家概念。这些地区是凯尔特人和德国人居住的，他们都反对古罗马的统治。

公元前58年，古罗马将军朱利叶斯·恺撒开始征服高卢，因为他知道军事扩张会增加他的实力和威信。战争漫长而艰难。高卢人在他们的领导人维钦托利的权威下分组，赢得了几次战斗的胜利，包括哲高维战役。然而，他们在阿莱西亚被打败，高卢被古罗马吞并，高卢人变成了罗马人。之后，

汉尼拔在穿越阿尔卑斯山期间，许多士兵和大象失去了生命。然而，他的远征是成功的，因为他在公元前216年在戛纳战役中击败了古罗马人

恺撒将军袭击了英格兰，但徒劳无功。在这些征战之后，罗马军队占领了莱茵河以西和多瑙河以南的所有领土。这些在欧洲的征战最终使古罗马的疆土扩大，把地中海变成古罗马的内海。

高卢人是如何变成罗马人的

古罗马人之所以可以长期做这么广阔疆土的主人，那是因为他们在那里建立了他们的生活方式。他们为那里的人们带去了和平，有组织的政府，这些是被征服地区的人民前所未闻的。以高卢人为例，古罗马人为高卢人修建了许多大型工程：平坦的马路、港口、竞技场、剧场，并且修砌了一个可以将水引到城里的水槽，建在老城区的遗址上。高卢人与罗马人融合在一起，也因此诞生了高卢罗马的祖先，他们不再说高卢语，而是拉丁语，这种语言演变到现在，就是法语。古罗马融入了不同的文化和不同的宗教，古罗马也因此创立了一项基于人性的法案。

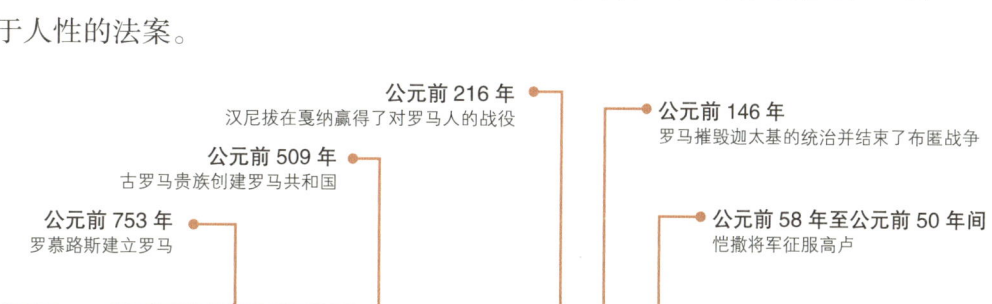

公元前216年
汉尼拔在戛纳赢得了对罗马人的战役

公元前146年
罗马摧毁迦太基的统治并结束了布匿战争

公元前509年
古罗马贵族创建罗马共和国

公元前753年
罗慕路斯建立罗马

公元前58年至公元前50年间
恺撒将军征服高卢

-1000　　　　　-500　　　　　0　　　　　476 500

古罗马帝国，从兴起到衰落

和平安宁的早期罗马帝国

古罗马帝国的强权必将招致更多人的觊觎。将军们也希望可以掌握政权。恺撒将军，在征战高卢取得胜利以后，认为自己也可以成为国王，但是罗马共和国的支持者却在公元前44年暗杀了他，并拥护恺撒的养子屋大维建立一个名叫"帝国"的新政权。这个词源于拉丁语，意思是"普遍的"。屋大维自称为"奥古斯都"，这个称号表明他承认所有地方法官的权威。因此他是一位没有头衔的国王，这点没有激怒旧共和国的支持者——古罗马贵族。

公元2世纪，古罗马几乎没有战争——这是"罗马和平"时期。也正是在这个时期，像图拉真、哈德良或安东尼这样的伟大国王加强了古罗马帝国的实力。古罗马帝国达到了巅峰时期。

帝国晚期

帝国的疆土越大，管理其边境也就越发困难。古罗马人很快就意识到这一点，并在边界地区修建了一条长长的分界线。同时，他们也希望可以利用这个分界线帮助他们轻松击退外敌，防止入侵。但是，东方的帕提亚人和欧洲的德国人越来越频繁地跨过边界进行抢劫。

此外，抵抗外敌入侵需要派出很多士兵，国家军事支出越来越庞大。

面对这样的危机，在公元286年，戴克里先国王决定将古罗马帝国分为四个部分，每一个部分都由他的亲戚负责管理，即四帝共治制。帝国最终被分成两个部分：在西部是西罗马帝国，首都是罗马；在东部是东罗马帝国，君士坦丁堡是首都，这座城市由君士坦丁大帝在博斯普鲁斯海峡（现

这个场景代表了罗马的胜利，也就是说，这是一个胜利的罗马将军在他的军队的簇拥下穿过罗马的游行仪式

今的土耳其境内）建立。但是这个决定来得太迟了……

罗马帝国的衰落

通过征服，罗马帝国发生了很大的变化。公元4世纪，在君士坦丁大帝的影响下，罗马人改变了他们的宗教信仰，他们成为基督徒。与此同时，蛮族人设法越过边界。例如，德国人定居在东部，甚至在高卢的西南部，罗马人对此却无能为力。

最后，蛮族首领奥多塞尔在公元476年夺取了罗马。西罗马帝国衰落并灭亡，由日耳曼领导人继续统帅。东罗马帝国仍旧保持着拜占庭帝国的统治（拜占庭是君士坦丁堡的另一个名字）。这标志着古代欧洲的终结，并进入了中古时代。

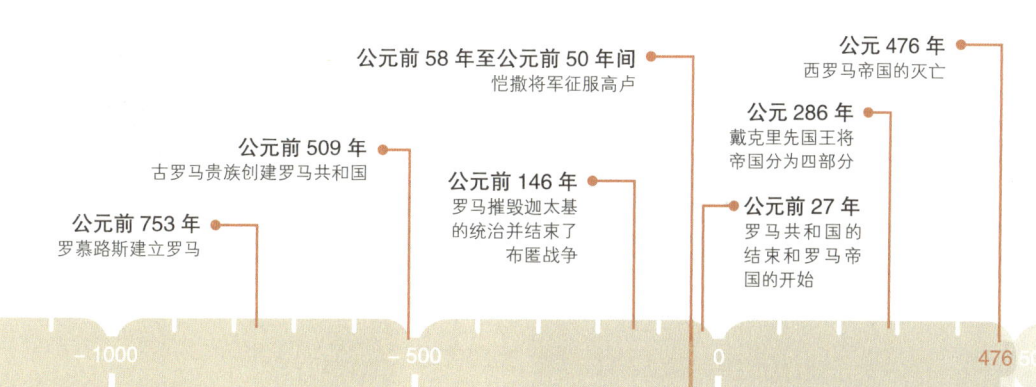

公元前58年至公元前50年间
恺撒将军征服高卢

公元476年
西罗马帝国的灭亡

公元前509年
古罗马贵族创建罗马共和国

公元前146年
罗马摧毁迦太基的统治并结束了布匿战争

公元286年
戴克里先国王将帝国分为四部分

公元前753年
罗慕路斯建立罗马

公元前27年
罗马共和国的结束和罗马帝国的开始

-1000   -500   0   476 500

罗马，一个辉煌而有秩序的文明

法律的制定

　　一个像古罗马帝国这么庞大的帝国需要一个适用于所有其组成民族的普遍法律。因此，古罗马人完善了法律。在过去，如果人民发生争执，他们有请求神来仲裁的习俗，但是前提是这些人拥有相同的宗教信仰。因此，需要在这样一个帝国里建立一种相同的价值观，古罗马人认为这种相同的价值观来源于人类的共同点，即人性。

　　三个世纪以来，古罗马的大法官都在那里耐心地工作。在罗马人到来之前，私人财产鲜为人知：整个村庄拥有这些土地。直到罗马法规定，每个人都可以成为特定土地的所有者。这样避免了许多争执，而且有利于生产和贸易的发展。

技术的提高

　　古罗马时期，有许多伟大的建筑天才，他们的建筑尽管历经几个世纪，今天仍旧被所有人欣赏赞赏。在罗马，他们建造了斗兽场，不逊色于当今

古罗马广场是罗马一个美丽的广场，周围是许多华丽的纪念碑。起初它只是一个简单的小市场，但随着时间的推移，在那里建造了许多神殿和公共建筑

的现代化舞台。在法国的南部，他们建造了加尔桥，这是一条长 300 米、高 50 米的水渠，就像一座高 20 层的建筑物。此外，古罗马人也建造了无数的神殿、宫殿和居民楼，以便更好地解决人口居住问题。

《埃涅伊德》

古罗马人也急于证明，他们像希腊人或迦太基人一样，也有着高贵的血统。维吉尔是他们最伟大的诗人之一，为此创作了一部有名的著作《埃涅伊德》。这是一部史诗，也就是一部讲述英雄行为的故事。《埃涅伊德》讲述了罗马国王的祖先埃涅阿斯冒险的经历。

在亚该亚人摧毁特洛伊之后，埃涅阿斯与他的亲戚和他的父亲一起从海上逃走了。他们从地中海一直逃到北非。埃涅阿斯在那里遇见

在罗马，在斗兽场的圆形剧场里，举行了马戏比赛

了迦太基女王迪东，但众神告诉他，他的命运在意大利。于是，他离开了迦太基女王迪东，而迪东因为悲伤过度而自杀了。来到了意大利以后，埃涅阿斯产生了幻觉：他看到在他面前出现了罗马未来的领导人，从罗慕路斯到奥古斯都。于是他在这里定居下来，并娶了一个国家的公主，他就是古罗马人的祖先，这里也是莱姆斯和罗穆卢斯未来出生的家。

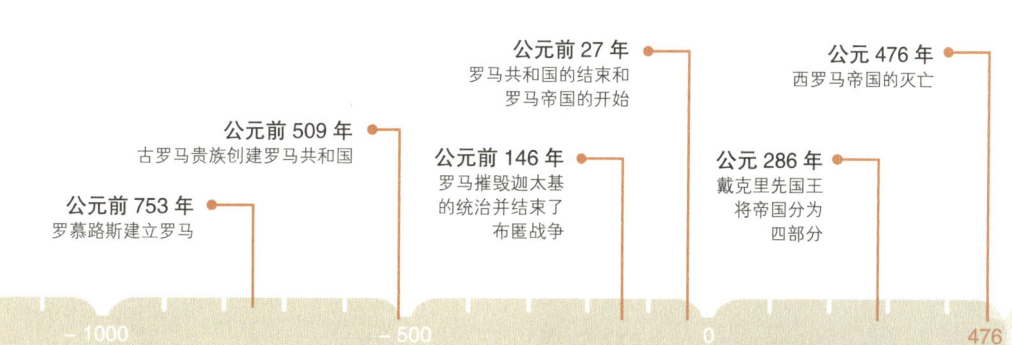

公元前 27 年
罗马共和国的结束和
罗马帝国的开始

公元 476 年
西罗马帝国的灭亡

公元前 509 年
古罗马贵族创建罗马共和国

公元前 146 年
罗马摧毁迦基
的统治并结束了
布匿战争

公元 286 年
戴克里先国王
将帝国分为
四部分

公元前 753 年
罗慕路斯建立罗马

- 1000   - 500   0   476 500

希腊罗马世界转变为基督教世界

早期对基督徒的迫害

在耶稣被钉在十字架上之后，他的门徒说他已经复活并升天了。他们开始在全世界传播福音，"福音"这个词源自希腊语，意思是"好消息"。有些门徒留在犹太，其他人有的去了亚洲，有的去了非洲。当圣彼得去罗马时，圣保罗去了希腊。圣彼得在罗马创立了一个主教，作为基督教十二门徒的首领，接替他的主教都被认为是基督徒的领袖。他们被称为"教皇"。基督徒只信仰一个上帝而拒绝崇拜罗马国王。因此罗马禁止传播他们的宗教，他们不得不长时间隐藏他们的信仰，有时会在地下通道，有时在地下墓穴中集合祈祷。戴克里先国王对他们特别残忍：他把他们当作物品扔给角斗场里的狮子。最勇敢的基督徒拒绝因此而放弃他们的信仰，并最终作为殉道者牺牲了，从而显示出信仰的力量。

君士坦丁的转变

在公元 313 年，在一场重要战争的前夕，古罗马国王康斯坦丁认为他在天空中看到一个十字架并听到一个声音对他说："有了这个标志，你将征服世界。"因此他决定将这个十字架贴在军旗上。他在战斗中果然取得了胜利，于是他皈依了基督教，并颁布了"米兰法令"，禁止对基督教徒的迫害。然后，他在耶路撒冷建造了一个圣墓教堂，也就是耶稣被钉在十字架的地方。在公元 380 年，狄奥多西国王决定将基督教变为古罗马帝国的合法宗教。

基督教的传播

在古罗马统治欧洲整个时期，人们逐渐成为基督教徒。高卢是最早皈依基督教的古罗马行省之一。基督教在北非一些国家和地区，以及黎巴嫩、叙利亚也有传播……它遍布罗马帝国，甚至传播到埃塞俄比亚、亚美尼亚、

在战斗前夕，康斯坦丁国王在天上看到了一个十字架。后来他皈依了基督教

印度乃至中国。在出现基督教的前六个世纪中，思想家评论《圣经》，并将基督教最终呈现出来。这些人被称为"教堂的神父"。

基督教逐渐组织发展起来了。基督教世界的核心人物时不时地聚在一起召开议会，共同讨论宗教问题，他们也谈论神学，即宗教科学。他们到处建造主教管辖区，并在这些主教区里建造教堂，用主教和教士组成神职人员。

公元 476 年
西罗马帝国的灭亡

公元 380 年
基督教成为古罗马的合法宗教

公元前 753 年
罗慕路斯建立罗马

公元 313 年
颁布"米兰法令"容许信奉基督教

-1000   -500   0   476

中国的古老起源

圣人孔子

在公元前 6 世纪的中国，有一位伟大的圣人孔子的教学理念正在传播。他的影响力很大，所以被任命为鲁国的大司寇（即如今的司法部长）。孔子才华横溢，但与朝臣在道德与政见上产生分歧，最终离开了鲁国。他带着他的弟子宣传他的思想，一起周游列国 14 年。

中国在当时已经是一个占据整个亚洲东部的庞大国家。拥有千差万别的地质地貌：东南部是平原地区，拥有黄河和长江这些可以通航的大河，在内陆地区，则是高山地区。

超越时代的中国

早在公元前 2000 年，在中国的各地已经出现了许多诸侯国，公元前 221 年，秦始皇统一了中国，建立了秦朝，之后汉王朝一直统治到公元 220 年，汉朝将孔子的儒家思想在各个学校里进行推广，儒家思想与众不同，认为自然现象和社会运作可以用"仁"来解释。这可能也解释了为什么中国很早就发明了欧洲并不知道的技术，如指南针、火药、瓷器、锁、方向舵、造纸术和印刷术。孔子与他的弟子将中国儒家传统思想整理编辑成为"四书""五经"。要想出仕，即在中国做大官，必须要熟读这些经典著作。

中国影响了整个亚洲

正如古罗马凭借先进的文明将它的强大影响力延伸到了整个欧洲和地中海地区一样，中国也将它的强大影响力扩展到整个亚洲地区，因为中国拥有完善的国家体系、文字、教育、技术。越南、朝鲜和日本都先后学习中国的文化和汉字。在中国的文字中，人们可以用图画表达他们的意思，

公元前 2000 年
在中国出现的最早的国家

− 3500　　　− 3300　　　　− 3000　　　　　− 2500　　　　　　− 2000

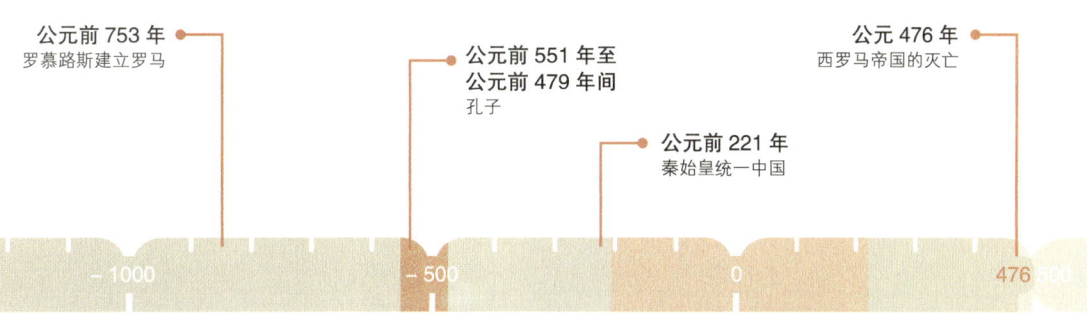

孔子讲学图

这就是"表意文字"。

中国人将他们的儒家思想传到邻国，同时他们也吸收了印度的佛教，这是一种基于佛陀戒律的宗教，也有一位与圣人孔子大致生活在同一个时期的圣人——释迦牟尼，他教导人们如何面对生命的考验和人生的痛苦。

公元前 753 年
罗慕路斯建立罗马

公元前 551 年至
公元前 479 年间
孔子

公元前 221 年
秦始皇统一中国

公元 476 年
西罗马帝国的灭亡

−1000

−500

0

476

公元前 206 年至公元 220 年
汉朝

德国入侵和梅罗文加王朝的建立

西罗马帝国遭到入侵

在罗马帝国统治的最后两个世纪里，被古希腊人和古罗马人称为"蛮族"的欧洲北部人越来越频繁地越过边界闯到西罗马帝国，他们之中，大部分是日耳曼人。有些人掠夺了帝国的财富然后马上离开，就像公元 410 年在罗马的阿拉里克的西哥特人一样。

另一些人则选择留在帝国的边界内生活，像是高卢北半部的法兰克人、瑞士和勃艮第的勃艮第人、阿基坦的西哥特人、朱特人、英格兰的人和撒克逊人。古罗马帝国日渐衰落，直至到了无法自保的程度。在公元 476 年，蛮族首领奥多克尔入侵意大利，并把国王罗穆卢斯·奥古斯特勒关押起来。他把这位年轻人的帝国徽章送到君士坦丁堡，表明了罗马人将不再统治罗马。因此，奥多克尔结束了西罗马帝国的统治。

野蛮人在西欧定居下来

不久，在欧洲各处都出现了新的王国，由年轻的蛮族国王领导。尽管他摧毁了一个古老的帝国，但是他却非常重视他们的文明和文化。他放弃了他早期的宗教信仰，皈依了基督教，在罗马帝国的模式下建立了新的王国，用拉丁文书写他们的法律和法规……所以，在某种程度上，罗马帝国并没有蛮族化，而是这些野蛮人吸收了罗马的先进文化——至少大部分人是这样的——因为他们之中仍有些人，比如来自亚洲的匈奴人，只有一个目标：掠夺。

他们的国王阿提拉带着他强大的弓箭手骑兵进入高卢，这些弓箭手英

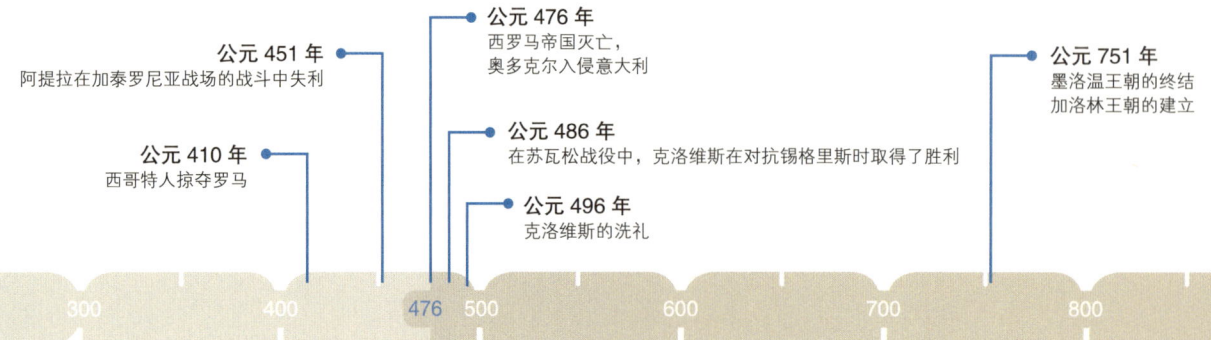

公元 451 年
阿提拉在加泰罗尼亚战场的战斗中失利

公元 410 年
西哥特人掠夺罗马

公元 476 年
西罗马帝国灭亡，
奥多克尔入侵意大利

公元 486 年
在苏瓦松战役中，克洛维斯在对抗锡格里斯时取得了胜利

公元 496 年
克洛维斯的洗礼

公元 751 年
墨洛温王朝的终结
加洛林王朝的建立

300   400   476 500   600   700   800

阿瑞克的西哥特人在公元410年抢劫了罗马

勇善战，甚至在全速进攻的情况下也可以瞄准目标，一箭射中！骑在马背上，他们手里拿着长矛，长矛末端插着头骨，这给敌军带来了震慑，整个战场也散布恐怖和凄凉的情绪。但是阿提拉在攻陷巴黎大门的时候却被圣吉纳维芙击退两次，最终在公元451年的加泰罗尼亚战场上在特鲁瓦附近被罗马帝国的高卢人彻底击败。

法兰西第一王朝——墨洛温王朝的建立

法兰克的第一位国王是克洛维斯，他是合并法兰克各个部落的首位酋长墨洛温的孙子。公元486年，克洛维斯在对抗罗马帝国高卢人的最后一位将军锡格里斯时取得了苏瓦松战役的大捷。于是他成为了高卢和一小部分德国领土的国王，墨洛温王朝也因此诞生了。公元496年，克洛维斯带领着他的战士和人民皈依了基督教。罗马帝国的高卢人和法兰克人民融洽地生活在一起，并且相互融合，这也将促使法国这个国家的诞生。

墨洛温王朝的统治持续了两个半世纪之久。统治期间，王国疆土不断扩张，成为了当时欧洲最大的王国。

然而，渐渐地，国王的权力逐渐旁落，而被称为"宫殿的市长"的宫相的力量却日益增强。公元751年，一个名叫矮子丕平的宫相，因其在王国的盛名，而在苏瓦松被推选为国王，这种夺取权力的行为也得到了教皇的默许。因此，丕平囚禁了最后一位墨洛温国王希尔德里克三世，并强迫他剪去长发，那是墨洛温国王的异教神圣力量的象征。丕平也因此开创了一个新的法兰克王朝，即加洛林王朝。

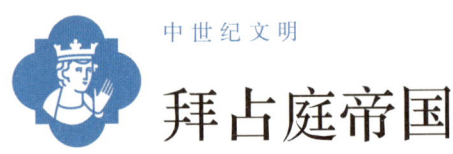

拜占庭帝国

蛮族进犯下而幸免的拜占庭帝国

东罗马帝国，也叫拜占庭帝国，这里因其首都拜占庭而得名，这里并没有被蛮族征服占领，一直保持着独立自主，并掌管着大片的疆域领土，从希腊一直到巴尔干地区，穿过安纳托利亚（现在的土耳其）、叙利亚和埃及。公元 527 年，当查士丁尼成为国王的时候，他想重新征服西部，并恢复罗马帝国的统治。他成功地从东哥特人那里夺回了意大利，从西哥特人手中夺回了一部分西班牙领地，从汪达尔人手中抢回了北非地区。此时的拜占庭帝国是历史上前所未有的最强大，拥有疆域最广阔的时期。

是国王也是祭司

拜占庭国王，我们又称之为巴赛勒斯，他不仅是一名将军或者说一名国王，同时也是祭司，是被视为神在地上的副摄政者，只有他才可以任命大主教。他是一个既神秘又神圣的角色，我们很难一睹他的尊容。见到他的人不得不在他面前跪拜，他的每一次出场都伴随着管风琴演奏的歌唱或音乐。

大兴土木

查士丁尼国王崇尚兴建土木，鼓励建造规模宏伟壮观的建筑。君士坦丁堡的圣索菲亚大教堂无疑是最有名的例子。国王呼吁伟大的学者为他另外建造一座可以与罗马神殿相媲美的圣殿。因此，物理学家米利都的伊西多尔和数学家特拉勒斯的安提莫斯设计并建造了一座超过 54 米高的圆顶大厦（约是一座七层楼高度的两倍）。

为了建造大教堂，他们在罗得岛制作特殊的砖块，这些砖块的重量是

公元 476 年
西罗马帝国的沦陷和灭亡

公元 527 年至公元 565 年
查士丁尼国王统治时期

| 300 | 400 | 476 500 | 600 | 700 | 800 |

背景中的圣索菲亚大教堂是拜占庭帝国极盛时代最具代表性的纪念物

传统砖块的十二分之一。

参与建造这座雄伟壮观的圆顶教堂的工人不少于1万名。他们之中，有些人从阿蒂米斯神庙中运来希腊式的以弗所柱子用来建造这座教堂。另外一些人，雕刻了来自萨利的绿色大理石、来自埃及的红色斑岩、来自博斯普鲁斯海峡的黑色石头或者是来自叙利亚的黄色石头。还有一些人设计了一个镶有宝石的金坛。最后，工匠们在墙上制作了带有金色背景的漂亮马赛克。这座美妙的建筑至今仍然被人们所赞赏。

伊斯兰教的诞生

穆罕默德受到神的启示

在 8 世纪，阿拉伯人居住在被称为"阿拉伯半岛"的广阔干旱的山区。他们大多数是游牧民族，被分成了几个部落，他们之间经常发生战争冲突，他们信奉真主，并相信许多代表自然力量的神灵。

在这些部落中，古来什家族肩负着一个神圣的使命：他们守护着天房的圣殿，这座圣殿在麦加，是阿拉伯人祭拜他们神灵的地方。穆罕默德来自这个部落，他是一个普通的牧羊人，在娶了一个名叫赫蒂彻的富有寡妇后才变成了商人，他对宗教很感兴趣。每年，他都隐居在沙漠中彻夜沉思。据说有一天他在冥想的时候，出现了一个幻景：大天使吉卜利勒来到他的身边，并向他启

在阿拉伯半岛，骆驼被作为交通工具，商人们骑在骆驼的后背上出行，并在沙漠中搭起帐篷

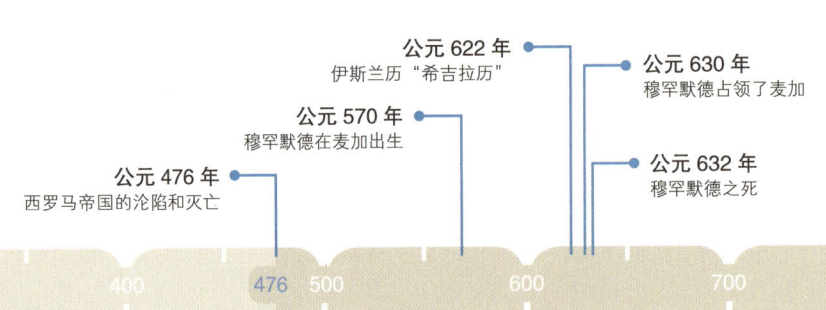

公元 622 年
伊斯兰历"希吉拉历"

公元 630 年
穆罕默德占领了麦加

公元 570 年
穆罕默德在麦加出生

公元 476 年
西罗马帝国的沦陷和灭亡

公元 632 年
穆罕默德之死

300　　400　　476　500　　600　　700　　800

示一个新的宗教，一个他需要传授给所有阿拉伯人的新宗教，即伊斯兰教。

穆罕默德开始传播伊斯兰教

穆罕默德对这一启示感到震惊，于是他对所有在麦加遇到的人都进行了传道。但是没有人想听他的话，最终他被驱逐出了麦加城。于是，他逃到了雅兹里布，也就是后来被称为麦地那的地方。这一事件发生在公元622年，是伊斯兰历的开始，被称为"希吉拉历"。穆罕默德决定以武力的方式强加传播他的新宗教。他聚集了士兵，并于公元630年攻占麦加。公元632年，他去世了，他成为了所有阿拉伯人的宗教信仰和政治领袖。

伊斯兰教，一个全新的宗教

《古兰经》是伊斯兰教的重要经典，它汇集了穆罕默德的所有教义。这本书告诉我们，伊斯兰教只有一位真主，即真主阿拉。这本书同时还描述了信徒的五个教义：1.坚定的信仰，即只信奉一位真主，也就是真主阿拉；2.每日五次礼拜；3.对穷人施舍；4.斋月需禁食；5.一生中至少要去麦加朝圣一次。这个取自《古兰经》而建立起来的全新宗教促进了部落之间的统一，也保证了部落之间的团结。

在麦加市有一个天房，这是一座神圣的方形建筑，是所有穆斯林朝圣做礼拜的地方

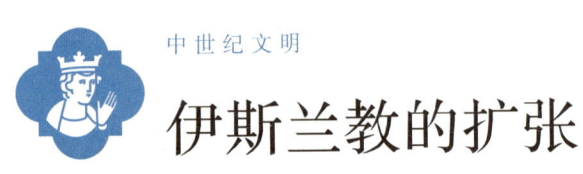

伊斯兰教的扩张

倭马亚王朝

穆罕默德的继承者取名为"哈里发"。他们迅速从拜占庭帝国夺走了叙利亚和埃及，然后开始征服波斯地区，被征服地区的人们变成了穆斯林。为了统治管理这些广阔的领土，于是他们建立了一个王朝：倭马亚王朝，并将首都定在叙利亚的大马士革。哈里发在公元 661 年至公元 750 年统治该地区。在此期间，倭马亚王朝继续征战扩张他们的领土。他们占领了整个北非，从埃及到摩洛哥，然后入侵西班牙。公元 711 年，在击败西哥特国王罗德里克之后，他们几乎占领了该国的绝大部分地区。他们还侵占了地中海、巴利阿里群岛、撒丁岛、西西里岛、科西嘉岛、马耳他和克里特岛地区。他们甚至还想继续征战法国，但是公元 732 年在普瓦捷被查理·马特击败了。

阿拔斯王朝

倭马亚王朝在公元 750 年被一个新的王朝——阿拔斯王朝取代。阿拔斯王朝定都在巴格达，这是一个他们刚刚在底格里斯河畔建立的城市。

在阿拔斯王朝的统治下，伊斯兰世界达到了顶峰。然而，在此之后穆斯林世界逐渐没落：在西班牙，倭马亚人的后裔建立了科尔多瓦哈里发国，独立于阿拔斯王朝。由于伊斯兰教分裂成两大分支：逊尼派与什叶派，因此在宗教领域也出现了分歧。但是尽管如此，伊斯兰教仍在非洲、亚洲的许多国家广泛传播。在印度尼西亚，穆斯林王国逐渐形成。在印度，信仰穆斯林教的莫卧儿帝国统治了印度长达三个世纪之久。

公元 476 年
西罗马帝国的沦陷和灭亡

公元 711 年
罗德里克被击败
阿拉伯人占据了整个西班牙

公元 732 年
查理·马特在普瓦捷
击败阿拉伯人

| 300 | 400 | 476 500 | 600 | 700 | 800 |

公元 661 年至公元 750 年
倭马亚王朝

阿拉伯文明

阿拉伯帝国是通过不断征战而建立起来的，在吸收并融合了拜占庭和波斯帝国的文明基础上，而发展出了更加辉煌灿烂的文明。美丽的清真寺装饰着大马士革、巴格达、开罗或科尔多瓦等这样的大城市，宏伟壮观的阿尔罕布拉宫殿，更是创造了西班牙格拉纳达王国的荣耀，精巧的喷泉也使得富丽堂皇的花园更加富有灵性。

阿尔罕布拉宫是格拉纳达市的珍宝，特别是极负盛名的狮子庭院，以其中央喷泉周围的十二尊狮子雕像而得名

公元 1238 年
在格拉纳达开始兴建阿尔罕布拉宫

| 1000 | 1100 | 1200 | 1300 | 1400 | 1492 | 1500 |

查理曼和加洛林王朝

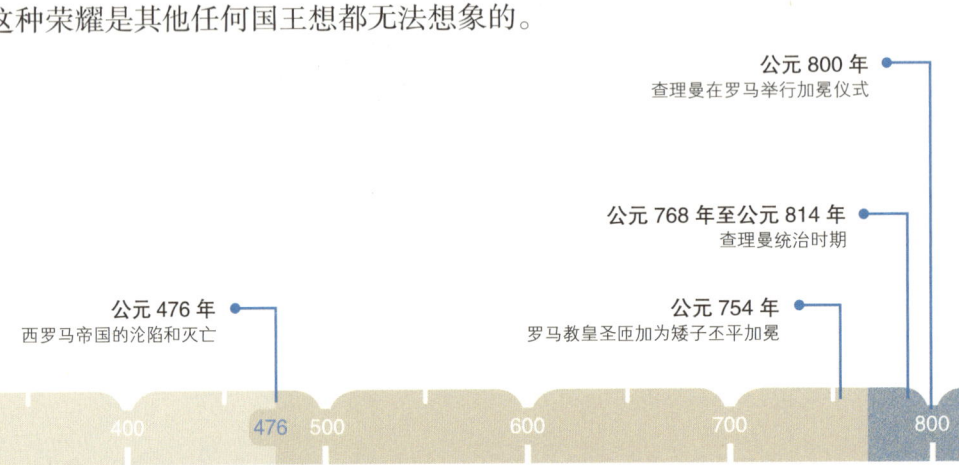

加洛林王朝的诞生

查理·马特是法兰克王国的宫相，他在普瓦捷战役中击退了阿拉伯人的进攻。他去世以后，他的儿子丕平三世（矮子丕平）继承了他的官职，但是丕平野心勃勃，决定称帝为王，成为法兰克王国的国王，于是他赶走了墨洛温王朝的最后一个国王希尔德里克三世，并与罗马教皇圣匝加达成协议：他承诺在意大利与伦巴第人作战，作为回报，罗马教皇要承认他法兰克国王的身份的合法性，并为他举办加冕仪式。波尼法修主教在美因茨为丕平举行加冕仪式后，罗马教皇亲自为丕平和他的儿子进行第二次加冕。因此诞生了统治法国的第二个王朝：加洛林王朝。

查理曼，也是罗马皇帝

这个王朝也被称为"加洛林王朝"，是因为查理曼（源自拉丁语）的名字而得来。查理曼是这个王朝最负盛名的统治者。他是一名伟大的战士：他从阿拉伯人手中夺取了加泰罗尼亚，占领了布列塔尼地区，侵占了巴伐利亚州、萨克森州和弗里斯兰省，并影响了那里蛮族人，使他们也皈依了基督教。他再次击败了意大利的伦巴第人，并成为了伦巴第的国王。他统治期间，国力强盛，领土广阔，甚至被认为恢复了昔日"西罗马帝国"的荣耀。这也就是为什么在公元 800 年的圣诞节那天，罗马教皇为他加冕。这种荣耀是其他任何国王想都无法想象的。

公元 800 年
查理曼在罗马举行加冕仪式

公元 768 年至公元 814 年
查理曼统治时期

公元 476 年
西罗马帝国的沦陷和灭亡

公元 754 年
罗马教皇圣匝加为矮子丕平加冕

| 300 | 400 | 476 | 500 | 600 | 700 | 800 |

一个空前强大的帝国

查理曼于公元 800 年 12 月 25 日
在罗马被加冕为皇帝

查理曼无疑是一位伟大的征服者，同时也是一位出色的统治者。为了加强统治，他将帝国分成了几个大区，然后指派公爵管理每个大区。

他定期派出监察员到各地巡视，以确保各地可以有法可依，公平执法，他将帝国中心的亚琛定为首都。

查理曼通过在整个欧洲普及拉丁语的学习这种方式，进而加强帝国的统一与团结。他通过强制每个寺院都建立一所学校来促进教育事业的发展，包括为贫穷儿童设立学校，他希望可以通过教育改变他们的命运。他常常亲自去各所学校视察，也常常亲自鼓励那些努力工作的人。然而，对于那些好吃懒做、不思进取的人他却异常苛刻，尽管他们是贵族的后代。

从加洛林王朝到卡佩王朝

凡尔登条约

从公元 814 年到公元 840 年，"虔诚者"路易一世继承了查理曼国王的基业，并执掌这个帝国。他去世以后，他的三个儿子洛泰尔，日耳曼人路易，秃头查理都觊觎王位，争夺皇权。为了结束内战，他们三人决定在公元 843 年共同签订《凡尔登条约》来重新划分帝国：日耳曼人路易将成为东部地区的国王，即东法兰克王国，也就是后来的德国；秃头查理统治西部，即西法兰克王国，也就是后来的法国；而长子洛泰尔将继续保留皇帝的头衔，并统治帝国最富饶的地区，即从荷兰到意大利的狭长地带，叫洛林王朝。但是他的王朝很快就灭亡了，这也就是洛林王朝没有成为一个像法国或者德国那样独立的国家的原因，并且在这片领土上在近 1000 多年期间，冲突与争端不断。

维京人

外敌入侵

除了继承问题以外，帝国也因为遭受外敌入侵而削弱了自身的实力。

维京人来自斯堪的纳维亚，他们征服掠夺了英格兰、德国和法国。他们乘船从塞纳河直驱到巴黎，但是遭到巴黎厄德伯爵的顽强抵抗，伯爵最终取得了胜利，保住了巴黎。于是在公元 911 年，他们共同签订了《埃普特河畔圣克莱尔条约》，法国国王"糊涂者"查理三世给维京人一块封地，之后他们在那里建立了殖民

公元 862 年
神圣罗马帝国的建立

公元 843 年
《凡尔登条约》

公元 814 年至公元 840 年
"虔诚者"路易一世的统治

公元 476 年
西罗马帝国的沦陷和灭亡

| 300 | 400 | 476 | 500 | 600 | 700 | 800 |

地，这个地区就是法国北部的诺曼底地区，被称为"北方人的土地"。

与此同时，阿拉伯人于公元890年左右在普罗旺斯定居，并掠夺周边地区。普罗旺斯伯爵威廉一世经过长达100年的抗争才把他们彻底赶出去。

最后，匈牙利人向所有欧洲国家发动了进攻。最终被德国国王奥托一世于公元955年在莱希菲尔德战役中击败，迫使他们永久定居在现在被称为匈牙利的国家里，这样他们也就不再威胁欧洲的其他地区。

封建主义的到来和卡佩王朝的建立

欧洲人发现他们的国王现在已经无力保护他们免受外敌入侵的威胁，相反他们的领主可以更好地保护他们免受侵害。这些领主已经变得几乎独立于国王：因此发展了封建主义，打破了王国的统治。

然而这些王国仍存在于法国和德国。在德国，国王奥托一世夺回了封建领主的权力。公元862年，他建立了一个新的帝国，即"神圣罗马帝国"。在法国，加洛林王朝逐渐衰弱。厄德伯爵伟大领主的后裔雨果·卡佩于公元987年当选国王，替代了加洛林的最后一位国王。为了确保王位可以传承，他在生前就为他的儿子罗伯特虔诚加冕，因此开创了卡佩王朝。

菲利普奥古斯是第七位卡佩王朝的国王。他于1214年在布汶战役中取得了巨大胜利，打败了与英格兰结盟的神圣罗马帝国。这是人们第一次在战场上高喊"法国万岁！"法国也因此提高了它的政治地位。13世纪中叶的路易九世和13世纪末以及14世纪初的菲利普四世都是最负盛名的接班人。他们中的一位加强了公平与法制；另一位反对了封建领主和教皇的专权，加强了王权统治。

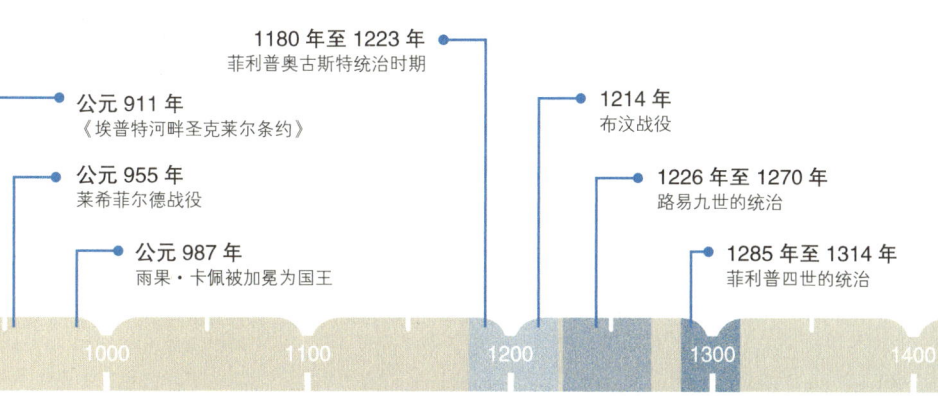

公元911年
《埃普特河畔圣克莱尔条约》

公元955年
莱希菲尔德战役

公元987年
雨果·卡佩被加冕为国王

1180年至1223年
菲利普奥古斯特统治时期

1214年
布汶战役

1226年至1270年
路易九世的统治

1285年至1314年
菲利普四世的统治

1000　1100　1200　1300　1400　1492　1500

中世纪文明

封建主义

领主和封臣

在公元 10 世纪到公元 12 世纪之间，欧洲的国王和领主曾经招募士兵帮助他们打仗。这些骑士忠于他们，并成为封建领主的心腹。这就是我们所说的"臣从宣誓"，一旦这个仪式完成，领主和骑士就建立了联系，骑士成为了领主的封臣，他们答应在任何情况下都要绝对服从领主，听从领主的命令作战，并帮助他们摆脱困境。作为交换，领主保护他的封臣免受任何敌人的迫害，并给予他们一块土地作为采邑，并且确保该采邑的所有产出都归封臣所有，作为他们的收入。领主与封臣的这种关系持续一生，不尊重这种关系的人被视为重罪犯。

骑士

骑士和他的侍从

领主和封臣的儿子从小就开始学习战斗技巧：他们还是侍童的时候就已经开始学习骑士礼仪，一直到 14 岁那年，他们成为侍从。然后为他们举行骑士称号仪式：他们已经开始为成为一名骑士做准备，到了 20 岁左右的时候，他们需要手里拿着剑和盾牌祈祷一整夜，特别是需要得到神父的祝福。最后，等到骑士的年龄再大一点儿，封主需要把剑放在他们的后背上，进而完成册封仪式。这样，这个年轻人就正式变成了骑士，并且可以出征打仗了。渐渐地，骑士的生活方式也发生了变化，由于

公元 476 年
西罗马帝国的沦陷和灭亡

| 300 | 400 | 476 | 500 | 600 | 700 | 800 |

受到教会和宫廷生活习惯的影响，骑士开始渐渐淡化粗暴的军事理论学习，他们变得更加温和。

不久，他们将自己的原则与精神编入骑士法典中。这部法典要求骑士精神只能用于捍卫正义，帮助穷人、寡妇和孤儿，他们必须忠诚，而不是攻击手无寸铁的敌人。这种骑士精神极大地影响了欧洲的文化。

农民在封主的封地上耕作，被封主严密地监视着

领主和农民

领主很快就拥有了自己的城堡，这些城堡通常建在小山丘上，这里地势险峻，易守难攻。他们在那里统治着他们的封地，封地里有很多农民和农奴耕种土地。由于奴隶制度从基督教以后就被禁止了，所以这些农民原则上是自由的，但是实际上却不是，没有经过封主的同意，他们不能轻易离开封地，他们被严格监视着。

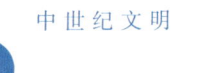

中世纪的教会

教会开始影响了中世纪人们的生活

在中世纪，教会和国王一样强大，有时甚至更加强大。它通过圣诞节或复活节等宗教节日以及像弥撒这种宗教仪式来影响每一个人的生活，并且在道德领域指引着基督徒为人处世的原则，并对那些不遵守其原则的人严惩不贷，甚至将他们逐出教会，也就是说，将他们排除在基督教教会外。最后，教会甚至还建立了宗教裁判所，用来谴责异教徒，即根据天主教会的传统谴责那些不遵循信仰的人。

同时教会也帮助了很多人。它在城市中的修道院或主教中大力发展教育。它主动创建了最早的重新研究希腊科学或罗马法的大学，这些大学在蛮族入侵时期被荒废了。它还创造了济贫院，以照顾病人并收容穷人。

为了显示他们对基督教的虔诚，一些基督徒甚至到圣地进行朝圣，如西班牙的圣雅克－德孔波斯特勒、法国的圣米歇尔山、意大利的罗马或耶稣基督所居住过的地方。

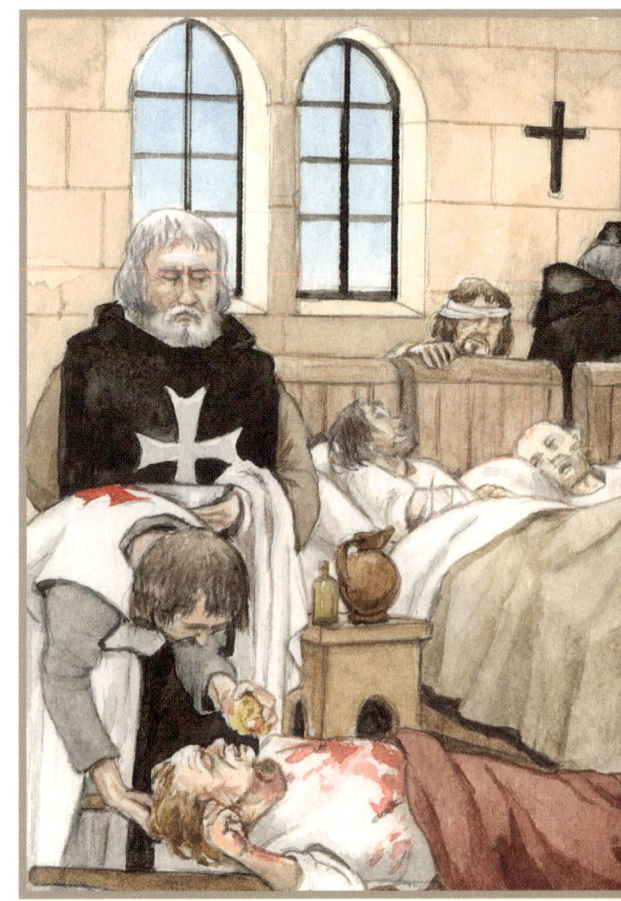

在中世纪的欧洲，济贫院是医院最早的雏形，是由天主教会创建并管理的

公元 476 年
西罗马帝国的沦陷和灭亡

| 300 | 400 | 476 | 500 | 600 | 700 | 800 |

大教堂时代

中世纪的欧洲建造了许多大教堂来颂扬其基督教信仰。他们宏伟而壮观，可以容纳当时大城市的所有信徒。最早的大教堂是以所谓的"罗马式"风格而建造的，也就是说在圆柱形的柱子上方有一个圆形的罗马拱顶。后来出现了"哥特式"大教堂，其拱顶不再是圆形的，而是破碎的，形状为"尖形拱肋"。大教堂的殿高 30 米至 40 米，镶有彩色的窗户，让阳光可以照射进来。最著名的哥特式大教堂就是巴黎圣母院，这里曾经为法国国王举行过加冕仪式；还有德国的科隆大教堂、意大利的米兰大教堂、英国的威斯敏斯特大教堂。其中，科隆大教堂的两个尖顶高达 157 米，比拜占庭的圣索菲亚大教堂的圆顶高三倍。

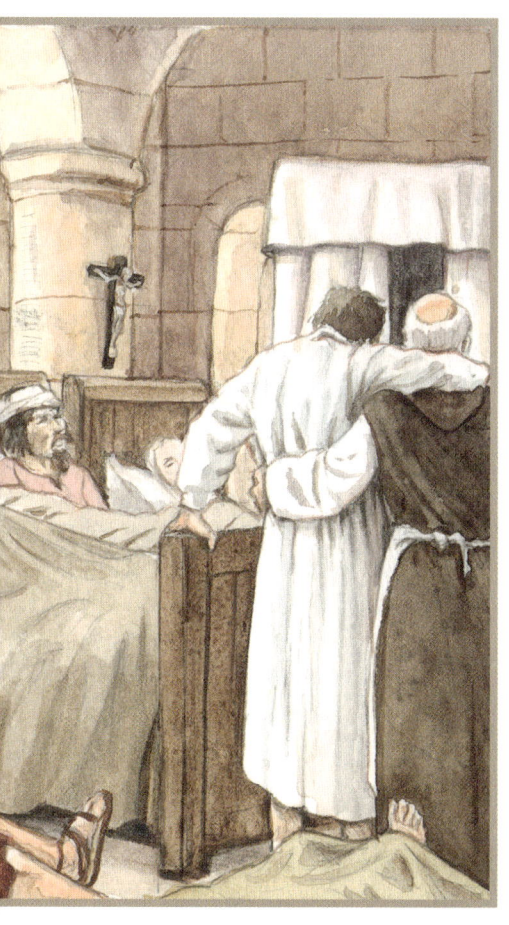

宗会改革和新秩序的建立

在 11 世纪，几位教皇决定进行宗会改革，也就是改变教会的机能。他们之中，格列高利七世是最具有影响力的，这就是我们说的"格列高利改革"，改革的目的是使罗马教皇和神职人员独立于国王和领主的领导，以及改变罗马皇帝任命教皇的制度。

改革之后，教会得到了飞速的发展，许多新的宗教制度都在 11 世纪到 13 世纪建立起来。一些人致力于祈祷，如西多会或卡尔特斯人；另一些人出去见教会或是修道院以外的人，他们到城市和乡村进行传道。我们称之为"乞讨令"。最著名的是"方济命令"和"多米尼加命令"。

11 世纪
格里高利改革

12 到 13 世纪
哥特式大教堂的建造

| 1000 | 1100 | 1200 | 1300 | 1400 | 1492 | 1500 |

三部中世纪文学著作

在国王和领主的宫廷中，他们喜欢听到行吟诗人一边演奏音乐，一边讲故事。这样促进了手势歌曲的诞生，通过诗歌叙述英雄的功绩，同时也出现了最早的现代小说。

《罗兰之歌》

这是一首在 11 世纪创作的史诗，作者不详，讲述了查理曼后卫的指挥官罗兰因为叛徒加尼隆伯爵的陷害，被一支阿拉伯军队困于比利牛斯山脉的隆塞斯瓦耶斯隘口。罗兰手握他的传奇宝剑迪朗达尔，顽强英勇地抗敌一整天，身负重伤，最后不幸被困在敌人的包围圈里。在他弥留之际，才吹起号角，呼唤查理曼援兵营救。查理曼听到山中的巨大回声，才得知罗兰有难，迅速返回援救，但是为时已晚。最终，查理曼击败了敌军，杀死了叛徒加尼隆，并向罗兰的英勇无畏精神表达了敬意，他代表了骑士精神。

圆桌骑士团

另一部小说可以追溯到 12 世纪，讲述了一个非凡的骑士冒险的故事：亚瑟王和他的圆桌骑士。亚瑟是 6 世纪的凯尔特国王，他本身是真实存在的人物，并且抵抗了盎格鲁－撒克逊的入侵者。然而，在小说中，更富有传奇色彩：它讲述了亚瑟之所以可以成为国王，是由于魔法的力量，在魔法师梅林的指导下，他神奇地从岩石中拔出王者之剑，这赐予了他一种神

公元 476 年	6 世纪	公元 778 年 8 月 15 日
西罗马帝国的沦陷和灭亡	亚瑟王的统治	罗兰死于隆塞斯瓦耶斯隘口战役

| 300 | 400 | 476 | 500 | 600 | 700 | 800 |

奇的力量。

他与桂妮薇儿结婚，并将她奉为王后，他被坐在圆桌旁的骑士们围着：兰斯洛特、高文和珀西瓦里……这些骑士中，一些人出去寻找圣杯。圣杯就是在耶稣基督被钉在十字架的时候用来收集他鲜血的杯子。至于亚瑟，由于受到他的儿子莫德雷德的致命一击，他撤回到了阿瓦隆，这里是他睡着的地方，如果他的人民遇到危险，他随时准备回来拯救他们。

神圣的喜剧

大约在 1310 年，来自意大利佛罗伦萨的诗人但丁·阿利吉耶里写了一首长诗，讲述了他自己，在维吉尔指导下，在这个非凡的世界中所经历的旅程。当罪恶深重时，但丁首先参观了地狱，地狱很远很深。紧接着，他来到了炼狱，这里是那些犯下较轻罪行的人待的地方，他们的罪行可以忽略不计。最后，在一位名叫比阿特丽斯的非常优雅的女人（因为异教徒维吉尔不能飞得更高）的引导下，他去了天堂的九个天国。

11 世纪	12 世纪	1310 年左右
《罗兰之歌》	亚瑟王传奇	神圣的喜剧

1000	1100	1200	1300	1400	1492	1500

德国和瑞士

神圣罗马帝国

在公元 10 世纪中叶，马扎尔人（或匈牙利人）威胁欧洲。这些技术娴熟的骑兵突袭：他们掠夺财富并拐走当地人，把他们变成他们的奴隶。公元 955 年，德国国王奥托一世决定在莱希菲尔德平原开战。尽管他的军队人数不占优势，但是最终以少胜多，取得了战役的胜利。这次战役的胜利大大提高了他的威望，随后在公元 962 年他重建了罗马帝国。由于他的帝国里汇集的都是讲德语的人，并且他也是一名基督教徒，因此这个帝国就被叫作"神圣罗马帝国"，这个帝国持续统治了长达 900 年。

帝国的四分五裂

帝国最初是强大而统一的。在勃兰登堡的阿尔布雷希特一世，一个名叫阿尔布雷希特这样的领主的领导下，帝国一路扩张到了东北方。条顿骑士团是一个僧侣士兵团，他们在 12 世纪末征服了欧洲东北部广阔的领土，然而，这些领土最终属于普鲁士，但不属于神圣帝国。这也就是像霍亨斯陶芬王朝的弗雷德里克一世或巴巴罗萨二世这样的伟大皇帝曾经试图继续扩张，让帝国变得更加强大，但他们以失败告终的原因。其中，弗雷德里克曾经发动一场战争，目的是征服意大利的整个北部地区，但在 1176 年莱尼亚诺战役中失败，不得不重返德国。而就弗雷德里克二世而言，由于他与教皇发生了特别严重的争执，以至于被逐出教会。对于一个统治着全部都是基督教徒组成的国家的国王，没有什么样的惩罚比这样的惩罚更加糟糕了！不久，霍亨斯陶芬王朝在德国就失去了影响力。就这样，帝国被分裂成了数百个小州，有的像巴伐利亚州一样大，有的像科隆或不来梅这样的城市一样大。直到 19 世纪以前，德国一直保持着这样四分五裂的状况。

公元 476 年
西罗马帝国的沦陷和灭亡

| 300 | 400 | 476 | 500 | 600 | 700 | 800 |

瑞士的诞生

在中世纪，瑞士现在的领土曾经属于神圣罗马帝国的一部分。在13世纪，乌里州（一个小山区）的巧妙工匠设法在两个山口之间修建了一座桥，这使得从意大利运往欧洲的车队可以缩短7天路途的时间。

乌里州的居民通过向这些车队收取过路费而迅速致富。拥有这个封地的奥地利公爵很快就嫉妒乌里州人民获得的财富。于是乌里州居民与瑞士和下瓦尔登州的居民联合起来，在1315年发起了摩尔加滕战役，并且成功击败了奥地利公爵。这是一场由简单的农民组成的军队击败了一支强大的正规骑士团队的战役！之后，卢塞恩、苏黎世和伯尔尼都争取到了独立，后来，该地区的其他城市，如洛桑、巴塞尔或日内瓦，也加入了这个联盟，争取到了独立解放，并且也巩固了这个联盟，这个联盟取名为瑞士联邦。

威廉·泰尔的传奇就来自这一事件。威廉·泰尔反抗奥地利人。为了惩罚他，奥地利公爵的代表大法官格斯勒告诉他，要将他关入监狱，除非他可以冒着杀死他儿子的危险，一箭射中放在他儿子头上的苹果，并将苹果劈成两半，他才会被释放。威廉完成了这个壮举并且将他和他的儿子一起被释放出来，重获自由。几天以后，他又用相同的弩，杀死了大法官格斯勒。

威廉·泰尔用弩箭将儿子头上的苹果射成了两半

公元955年
奥托一世在莱希菲尔德战役中获胜

1152年至1190年
巴巴罗萨大帝统治时期

1190年
条顿骑士团内秩序的建立

1220年至1250年
腓特烈二世统治的霍亨斯陶芬王朝

1239年
霍亨斯陶芬王朝腓特烈二世消声匿迹

1315年
摩尔加滕战役

1000　　1100　　1200　　1300　　1400　　1492　1500

公元962年至1806年
神圣罗马帝国

59

中世纪文明

英国

英国逐渐团结起来

　　罗马人从未征服过整个英国岛屿。朱利叶斯·恺撒和克劳狄皇帝征服了南方，但在接下来的一个世纪里，罗马人必须建立一个坚固的边界，即哈德良边界（以罗马皇帝哈德良的名字命名）。在罗马化地区之间，布列塔尼和罗马人都住在这里，蛮族人住在这条线以北的地区。公元 5 世纪，西罗马帝国灭亡，日耳曼人民（盎格鲁人、朱特人、撒克逊人）入侵该岛并建立了一个新的王国。他们将布列塔尼人赶到该国西部的威尔士和康沃尔郡。他们之中还有一些人甚至逃到阿莫里卡，并将这块法国领土取名为布列塔尼大区。

　　公元 597 年，新的盎格鲁－撒克逊王国的国王之一艾塞尔伯特皈依了基督教。不久，所有国王都追随着他的脚步成为了基督徒。很快，整个岛上团结成了一个国家，国王们团结起来共同击退了维京入侵者。

征服者威廉，一位讲法语的英国国王

　　盎格鲁－撒克逊王国一直顽强抵抗入侵者的入侵……一直坚持到黑斯廷斯战役。但是，1066 年，维京人统帅的后裔罗洛（他建立了诺曼底公国）率领着一支庞大的舰队越过英吉利海峡，抵达并且在黑斯廷斯击败了盎格鲁－撒克逊王国的最后一位国王。这个人，名叫威廉，在他取得大胜之后，我们称他为"征服者威廉"。他将英国领土分配给他的诺曼底男爵，当然一切都掌握在诺曼底公爵手上，他成为了英国新的国王，即威廉一世。在长达三个世纪的时期里，英国的国王和贵族都讲法语。

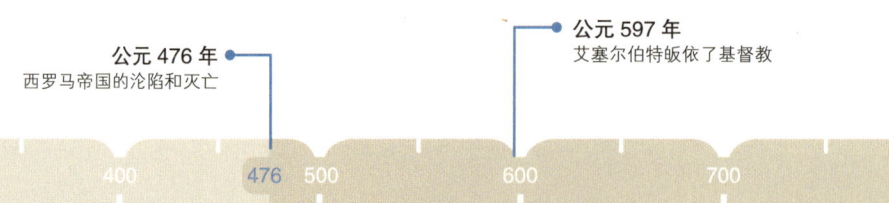

公元 476 年
西罗马帝国的沦陷和灭亡

公元 597 年
艾塞尔伯特皈依了基督教

| 300 | 400 | 476 | 500 | 600 | 700 | 800 |

金雀花王朝的统治

"狮心王理查德"在第三次十字军东征中作战

威廉一世的第四个继承者是亨利二世。他通过与阿基坦的埃利诺结婚，从而获得了在法国的广阔领土，一直延伸到阿基坦公国和普瓦捷郡。然而他的两个儿子却有着截然不同的命运。

他的第一个儿子，也就是"狮心王理查德"，他反抗他的父亲亨利二世，最后他自己成为了国王，即理查一世，并在1190年决定加入第三次十字军东征以进攻刚刚被阿拉伯统治者萨拉丁占领的耶路撒冷。他一路取得塞浦路斯和西西里岛战斗的胜利，但是当他打到圣地，他却怎样都无法打败萨拉丁。于是他只好重返法国，并发动了保卫诺曼底和其他封地的战役，然而他却在1199年死于弩箭下。

亨利二世的第二个儿子叫"无地王约翰"。他接替了理查德的统治，即约翰一世，但他却没有理查德的才能。他为人狡猾，并且不受男爵的喜爱。在1215年，他不得不屈服于他们的要求：他不得不签署大宪章，也就是说，在他做任何政治决定之前都要与他的男爵们商议。这也是历史上第一次国王将权力分享出来。这份宪章也是英国议会的起源。

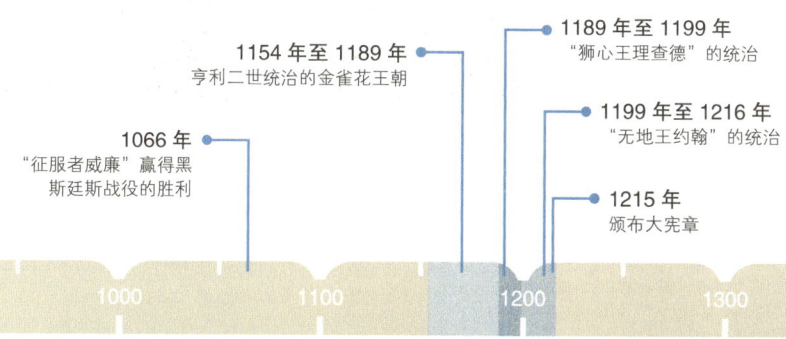

1189年至1199年
"狮心王理查德"的统治

1154年至1189年
亨利二世统治的金雀花王朝

1066年
"征服者威廉"赢得黑斯廷斯战役的胜利

1199年至1216年
"无地王约翰"的统治

1215年
颁布大宪章

1000   1100   1200   1300   1400   1492 1500

中世纪文明

西班牙和葡萄牙

当西班牙还是阿拉伯

西哥特人在大范围入侵的时候占领了罗马西班牙，并在公元 418 年建立了一个新的王国，并将托莱多命为首都。然而，阿拉伯人在北非柏柏尔人的帮助下，在公元 711 年登陆并且击败了西哥特最后一位国王罗德里克，于是他们占领了该国的大部分地区。西班牙因此成为了一个阿拉伯强国，征服者将其命名为安达卢斯。

安达卢斯的居民不接受巴格达哈里发的权威，在公元 929 年，他们决定将他们的王国独立出来，并由他们自己的哈里发领导。许多哲学家和学者在那个时期蓬勃发展。例如阿威罗伊，这是一位受希腊古代思想家影响的杰出的哲学家；又或者哲学家伊本·阿拉比。哈里发建造了美丽的宫殿和豪华的清真寺。

收复失地运动

然而，基督徒仍然在伊比利亚半岛占有大多数，他们之中许多人急于摆脱侵略者的统治。查理曼大帝以夺回加泰罗尼亚为条件来帮助他们。因此，一点一点地，基督徒重新夺回了

熙德的军队在看到被绑在马背上的熙德的尸体后重拾了勇气，并最终赶走敌人

公元 711 年
罗德里克国王被阿拉伯人击败

公元 476 年
西罗马帝国的沦陷和灭亡

| 300 | 400 | 476 | 500 | 600 | 700 | 800 |

这个国家，并把这些长期战争命名为"收复失地运动"（这个词来自西班牙语，意思是"夺回、收复"）。1114 年，首都托莱多也获得了解放。紧接着轮到巴伦西亚，这要特别感谢一位传奇的骑士……

这位伟大的骑士名叫熙德。他凭借着手中的剑，赢得了许多战役的胜利并成功地击退了阿拉伯军队。他在 1099 年保卫巴伦西亚战役中不幸牺牲。他的妻子丝毫不畏惧，像她死去的丈夫一样英勇地战斗：在她的丈夫去世后，仍旧继续捍卫这个城市。

传说她将熙德的尸体绑在他的宝马上，然后她手握宝剑，驾着马儿疾驰而去。士兵们一看到他们的首领，就重拾希望并赢得了战役的胜利。

1212 年，基督徒在图卢兹纳瓦的大战中击败了哈里发的军队。西班牙人因此能够占领该国大部分地区，穆斯林只保留了极南部的地区，也就是格拉纳达市周边地区。1474 年，阿拉贡国王费迪南德和他的王后卡斯蒂利亚的伊莎贝拉统一了西班牙，统一之后，国家更加强盛，拥有足够的军事实力足以对抗格林纳达王国。终于在 1492 年彻底击败格拉纳达王国，使得阿拉伯领导者不得不离开这个国家。

葡萄牙

在收复失地运动期间，法国骑士勃艮第的亨利与西班牙人并肩作战，之后，他还娶了卡斯蒂利亚的一位公主为妻，他们生下了一个儿子，名叫征服者阿方索·恩里克斯。1139 年，他的儿子在欧里克赢得了一场与五位阿拉伯统治者斗争的胜利，并在 1147 年解放了里斯本。随后，人们把他宣称为该地区的国王，也就是葡萄牙，直到今天葡萄牙的国旗上仍旧有五个盾，代表了这五个被击败的阿拉伯领导人。阿方索国王和他的继任者将这个国家扩大一直延伸到南部，并发现了马德拉群岛和亚速尔群岛。

1139 年
葡萄牙的
欧里克战役

1147 年
"征服者"恩里克斯解放了里斯本

1492 年
格拉纳达王国的终结

1099 年
熙德去世

1212 年
图卢兹纳瓦的大战

1000　1100　1200　1300　1400　1492　1500

中世纪文明

意大利

一个支离破碎的国家

自罗马帝国灭亡以来，现在被称为意大利的这个国家，其领土发生了很大的变化。在中世纪，它被分裂成了几个州。北部是伦巴第王国，属于神圣罗马帝国，同时也有许多独立的大城市，像是米兰、佛罗伦萨或比萨。在西北部，皮埃蒙特属于萨沃依公国。威尼斯也是独立的。整个国家的中心部分都属于教皇。在南部，这里有很长一段时间仍然依附于拜占庭皇帝统治下的罗马地区，诺曼底人之后在这里也建立了一个强大的王国。从意大利的北部到南部，仍旧有许多其他公国或是独立的城市。

威尼斯，一座中世纪最强大的意大利城市

威尼斯一直以来就是一座与众不同的城市。这是一座由躲避伦巴第人进攻的人们建在亚得里亚海上的，一个由桥梁连接一系列小岛而组成的城市。在这里，运河取代了街道。我

伟大的威尼斯旅行家马可·波罗在 13 世纪访问了中国的北京

公元 476 年
西罗马帝国的沦陷和灭亡

公元 6 世纪
诺曼底人建立了那不勒斯王国

公元 6 世纪末期
威尼斯的建立

| 300 | 400 | 476 | 500 | 600 | 700 | 800 |

公元 8 至 9 世纪美第奇家族在佛罗伦萨的统治

们通过乘坐称为"贡多拉"的长船出行。在这里，人们将木桩打入沙子里做桩基，并在桩基上建造了宏伟的宫殿和华丽的教堂，像圣马克大教堂。

首先在拜占庭的影响下，威尼斯在公元 11 世纪获得了独立。为了保护它的独立自主，威尼斯人于是建立了一个共和国，其领导人被称为"总督"。在当时，强大的威尼斯船队在整个地中海进行贸易往来，有的威尼斯商人甚至走得更远，像马可·波罗，甚至冒险到达了中国。这支威尼斯舰队还包括许多军舰，这些军舰在十字军东征中发挥了重要作用。

那些大城市

意大利还有其他强大的城市，如阿马尔菲、比萨、米兰、热那亚或佛罗伦萨。比萨以其非凡的比萨斜塔而闻名，这个斜塔被认定为不适合拉直，事实上这是一个用白色大理石装饰的大教堂的钟楼。在佛罗伦萨，拥有强大势力的美第奇家族统治了这座城市，并成为了佛罗伦萨首席法官，之后成为了王子。然而，这些富裕而强大的城市却从未在名望上超越过罗马，在罗马，人们总是可以到处看到古罗马的废墟，这里曾经布满了宏伟的教堂和教皇委托的其他基督教艺术品。罗马这座城市，见证了这么多世纪的历史，因此被命名为"永恒之城"。

这里就是比萨，这里有大教堂，洗礼堂（基督徒洗礼的地方），最右边就是著名的比萨斜塔

1173 年
比萨斜塔的修建

1271 年至 1295 年
马可·波罗的远行

1000 1100 1200 1300 1400 1492 1500

俄罗斯、斯拉夫、波罗的海和斯堪的纳维亚国家

俄罗斯的起源

在古代文明末期和中世纪之间，许多民族曾生活在俄罗斯的领土上：斯基泰人、萨尔马提亚人、卡扎尔人、斯拉夫人和瓦兰吉人，维京人的堂兄弟。最终维京人的堂兄弟在乌克兰建立了基辅市，这里就是俄罗斯的摇篮。在公元 9 世纪，所有这些不同的民族都因为信奉同一个宗教而联合起来。

事实上，来自拜占庭的两位传教士圣西里尔和圣迪乌斯将当地人转变为正统基督教，直到今天，东欧的大多数人仍旧信奉这种宗教，许多人也因此分享了西里尔基于希腊字母而创造出来的西里尔字母，以便更好地抄写斯拉夫语。

莫斯科——"第三罗马"

长期以来，俄罗斯人一直被蒙古人统治着，为此，他们要向蒙古国缴纳沉重的贡税。但是，莫斯科王子拒绝继续忍受这种沉重的枷锁。在公元 14 世纪和公元 15 世纪，他们发起了针对"钦察汗国"的蒙古王国的起义。迪米特里四世、瓦西里一世和伊万三世赢得了重要的胜利，他们还击退了试图从西部入侵他们的德国人和立陶宛人。莫斯科通过这些胜利而取得了至高的威望，使得莫斯科因此成为了俄罗斯的中心。

当君士坦丁堡在 1453 年沦陷时，莫斯科的王子

公元 476 年
西罗马帝国的沦陷和灭亡

公元 9 世纪
俄罗斯人民成为正统基督教徒

| 300 | 400 | 476 | 500 | 600 | 700 | 800 |

下令他们的王国接管罗马帝国。莫斯科因此成为了继罗马、君士坦丁堡之后的"第三罗马"。因此，伊凡三世的继承人伊凡四世，即"恐怖的伊凡"，在1547年被罗马皇帝称为"恺撒"，俄罗斯人用"沙皇"这个词。沙皇统治俄罗斯将近四个世纪，一直到1917年。

斯拉夫人、斯堪的纳维亚人和巴尔人

俄罗斯人的祖先是斯拉夫人。其他斯拉夫人在欧洲也分别建立了国家。例如，捷克人在公元10世纪初定居在了波希米亚。他们的公爵瓦茨拉夫皈依了天主教，很快也被人们争相模仿，改变并影响了他们的信仰。教皇任命瓦茨拉夫为国王，此后建立了波西米亚王国，后来成为神圣罗马帝国的一部分，并依附于查理四世的统治。

波兰人在公元10世纪末也皈依了天主教。他们的公爵波列斯拉夫一世于1025年成为波兰的第一位国王。其他的斯拉夫人也最终在亚得里亚海岸建立了王国，斯洛文尼亚、克罗地亚、塞尔维亚、波斯尼亚和黑塞哥维那、保加利亚和马其顿这些国家都来自这里。

在北欧，斯堪的纳维亚人在公元11世纪到公元12世纪之间皈依了天主教，并建立了瑞典、挪威和丹麦等伟大的王国。生活在波兰北部的人民建立了"波罗的海国家"：立陶宛、拉脱维亚和爱沙尼亚……所有这些国家现在都是欧洲联盟的成员。

伊凡四世是一个征服者。在这张照片中，他在围攻并且吞并喀山市之后返回了莫斯科

公元 10 世纪初
捷克人在波希米亚定居

1025 年
波列斯拉夫一世成为波兰的第一位国王

1547 年
伊凡四世成为俄罗斯的
第一位沙皇

| 1000 | 1100 | 1200 | 1300 | 1400 | 1492 |

公元 11 世纪和公元 12 世纪之间
斯堪的纳维亚人民建立了伟大的王国

黑死病

起因

鼠疫是一种由老鼠传染给人类的疾病。这种疾病会导致人的颈部"腹股沟淋巴结炎",即颈部出现大脓肿,并在短短几天内死亡。在中世纪,我们并不知道如何治愈这种传染性极强的疾病。尤其是随着商业和城市的发展,街道卫生环境变得很糟糕,这更加加速了这种可怕的疾病在 1348 年和 1352 年之间的大爆发,可能从东方开始,然后迅速发展到欧洲,并且袭击了数百万欧洲人。

影响

尸体无处不在,堆积如山。大城市更是看起来像是一个开放的墓地。人们几乎不敢靠近任何尸体,因为这些尸体仍能传播疾病。于是,人们小心地用大布包裹着这些尸体,并把死者埋到远离城市的乱葬坑里。有的时候,对于那些散发出恶臭味的尸体,人们就把它们焚烧了。总共有 2500 万欧洲人死于这场疾病,占当时欧洲人口的四分之一。

人们自然要找到这场疫情的罪魁祸首,有些人声称这是犹太人的过错,并且指责是由于他们在社区的水井里下毒,许多犹太人因此被屠杀了。

另一些人——人数占了大多数——认为"黑死病"是来自上帝的惩罚。因此,为了赎罪,并且重新得到上帝的恩赐,他们组织了公众游行和祈祷,他们一边走在大街上,一边用鞭子鞭打自己。

后果

悲观主义获得了人心,尤其是大肆泛滥的黑死病疫情很快就引发了饥荒,紧接着就爆发了百年战争。直到公元 14 世纪末还爆发了其他瘟疫,因

公元 476 年
西罗马帝国的沦陷和灭亡

| 300 | 400 | 476 500 | 600 | 700 | 800 |

此当时整个欧洲笼罩在一种恐怖的氛围里。欧洲人民当时并不知道，在经历了这些苦难之后，欧洲马上就进入了文艺复兴时期，这为他们带去了文化的发展和艺术的复兴。

死于瘟疫的人的尸体被大布包裹着，以限制疾病的继续传播

1095 年
教皇乌尔班二世在克勒芒会议后发表演说，以从"异教徒"（穆斯林）手中夺回"圣地"耶路撒冷为名，正式号召组织十字军远征

1099 年 7 月 15 日
耶路撒冷被十字军攻占

1291 年
十字军侵占的最后一个据点阿克城为穆斯林所占领，东征以失败告终

1348 年至 1352 年
黑死病造成了 2500 万欧洲人死去

| 1000 | 1100 | 1200 | 1300 | 1400 | 1492 | 1500 |

百年战争（一）

一个新的王朝——瓦卢瓦王朝

在公元 14 世纪，法国国王依旧遵守法兰克人的《萨利克法典》，法典规定王位只传给儿子，不传给女儿。因此，国王都希望可以有一个儿子继承王位。路易十世继承了他的父亲腓力四世的王位，后来他也有一个儿子，名叫约翰一世。约翰一世在还是一个婴儿的时候就成为了国王，不过没过多久他就夭折了。因此，路易十世的兄弟腓力五世和查理四世就成为了国王，不过他们也没有儿子，只有女儿。当他们去世的时候，他们需要打破常规，找到一名合适的继承者。于是，他们最终选择了腓力四世的侄子，他以腓力六世的名义成为瓦卢瓦的国王。这是瓦卢瓦王朝统治法兰西的开端，并在 1328 年到 1588 年之间统治着整个法国。

百年战争的爆发

事实上，腓力四世有一位可以直接继承王位的人选，也就是英格兰国王爱德华三世，他是腓力四世女儿伊莎贝拉的儿子，也就是伊莎贝拉与英国国王爱德华二世结婚而生下的儿子。因为法国人不想拥立一位外国的王子做国王，因此他们引用《萨利克法典》的规定，排除了女性的继承权，但是英国人却并不承认这一点。这个因为继承权问题而引发的纠纷是这场可怕战争爆发的原因，这场战争持续了 100 多年。

正是由于他们英勇善战的长弓手在战争中起到的关键性作用，英国人赢得了克雷西战役大捷

公元 476 年
西罗马帝国的沦陷和灭亡

| 300 | 400 | 476 | 500 | 600 | 700 | 800 |

起初，法国军队遭受了重大的失败：法国在 1346 年的克雷西战役损失惨重，紧接着，在 1356 年的普瓦捷战役中又被击败了。随后，约翰二世继承了腓力六世的王位，但是在普瓦捷战役中被俘，并移送到敌人的手里，法国因此割让了普瓦图、利穆赞、凯尔西和全部的阿基坦地区给英国，作为交换，法国要求英国释放约翰二世，并承诺放弃法国王位。与此同时，瘟疫和战争的爆发也引起人民的饥荒，于是爆发了大范围的农民起义。同时，巴黎商人还在艾顿·马塞的领导下爆发了一场暴动，他们要求国王应该和选举产生的议会分享权力，就像英格兰一样。

战局逆转

紧接着，局势逆转，好运到了法国。"智者"查理五世，是继任约翰二世的新国王，他任命贝特朗·杜·盖克兰为法国骑士统帅，这可不是一个简单的温和的布列塔尼骑士，他战功赫赫，他赶走了那些掠夺法国领土的侵略者，并对英国发动了一系列进攻，为法国保存了实力，尤其是法国因为在克雷西战役和普瓦捷战役中损失惨重，这样避免了两国之间爆发重大战役。他通过这种战术拖垮了英国的实力，重新夺回了罗德兹、蒙托邦、阿让、塔布等城市，之后又夺回了普瓦图的所有城镇，直至最终将英国人赶出了法国。

不幸的是，查理五世去世后，他的儿子查理六世继承了王位，但是在统治了几年的时间后，他得了精神病。查理六世的叔叔和一位兄弟为争夺查理六世的摄政权混战不休。发起了阿马尼亚克派与勃艮第派两次内战。英国国王亨利五世乘虚而入，在 1415 年取得了阿金库尔战役的胜利。然后，勃艮第人与英国国王结盟并决定让他的儿子亨利六世加冕为法国国王。这无疑相当于剥夺了查理六世儿子，一个也叫查理，也被称作"多芬"的年轻人的合法继承王位的权利。他不得不在法国中部的一个叫布尔日的城市里避难。当时，三分之二的法国领土都在英国人的统治之下。一切似乎都丢失了……

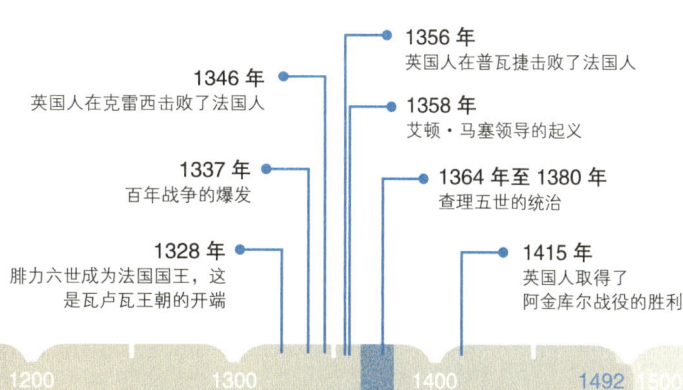

1356 年
英国人在普瓦捷击败了法国人

1346 年
英国人在克雷西击败了法国人

1358 年
艾顿·马塞领导的起义

1337 年
百年战争的爆发

1364 年至 1380 年
查理五世的统治

1328 年
腓力六世成为法国国王，这是瓦卢瓦王朝的开端

1415 年
英国人取得了阿金库尔战役的胜利

| 1000 | 1100 | 1200 | 1300 | 1400 | 1492 | 1500 |

百年战争（二）

农村女孩儿贞德

　　这是法国历史上最阴暗的一段时期，情况令人绝望。这时一个神秘的人物出现了，她可能也是法国历史上最杰出的人物之一：圣女贞德。她出生在法国洛林大区的栋雷米小镇里，她在梦中遇到了上帝，上帝交给她一项神圣的任务，委托她将英国人赶出法国。于是她将她的神迹诚恳地告诉了她周围的人，人们都对她深信不疑。人们凑钱为她准备了一匹马和男士的衣物以便她可以混入在布尔日的王储的军队。在她赶到时，尽管王储乔装在人群中，但是贞德一下子就认出了他，并在他面前跪下。这给王储查尔斯留下了深刻的印象，于是他更加信任她，并与她推心置腹地交谈。

拯救法国王国

　　贞德告知了王储她的独特见解，由于当时整个法国士气低落，王储名声也败坏了，于是王储决定交给她一支军队。她的这些士兵，深信贞德是上帝派来的使者，于是士气大振，信心十足地追随着她的

圣女贞德是一位伟大的战士，她带领了一支男子组成的军队，并取得了胜利

公元 476 年
西罗马帝国的沦陷和灭亡

| 300 | 400 | 476 | 500 | 600 | 700 | 800 |

领导。于是，贞德带领她的部队抵达奥尔良，打破了英国人的围攻，并在1429 年 5 月 8 日彻底夺回了奥尔良这个城市。在一系列的胜利下，贞德与王储前往兰斯大教堂，并帮他在 7 月 17 日以查理七世的名义加冕成为法国国王，至此，许多盟友放弃了与英国国王的结盟，转而加入了法国国王阵营里。

百年战争的终结

然而，当贞德身处部队最前线带领部队保卫贡比涅时，她不幸被勃艮第人俘虏了，并被交到英国人的手里。英国人匆匆忙忙地对她进行审判，给她伪造了一个罪名。主教皮埃尔·科雄被任命为法庭的大法官，因为他是英格兰的强硬支持者。于是法院判处了贞德死刑，并声称她是魔鬼派来的恶魔而不是上帝派来的使者。死刑于 1431 年 5 月 30 日在鲁昂的老集市广场进行，她被活活烧死。但是圣女贞德完成了她的使命，她为法国人民，特别是他们的新国王查理七世重拾了信心。

贞德去世以后，国王在一位出色的部长的辅助下，在 1435 年通过《阿拉斯条约》与勃艮第人缔结了和平条约。之后，他又设法将英国人驱逐出法国首都巴黎，他紧接着又在巴黎安顿下来。不久之后，他又重新夺回了诺曼底和吉耶纳地区。1453 年，波尔多市也获得了解放。百年战争到此画下了句号，以法国的胜利告终。1456 年，教会重新审理了圣女贞德的案子，还给了贞德清白。

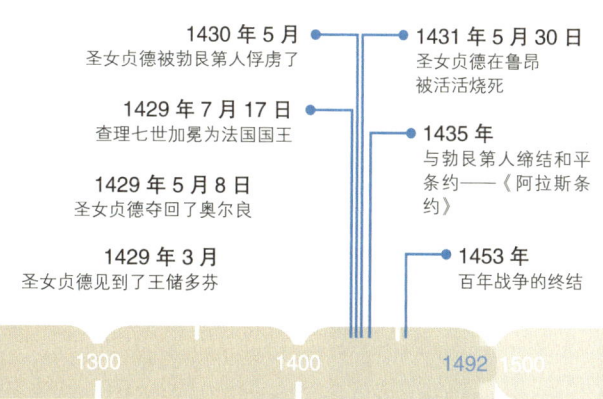

1430 年 5 月
圣女贞德被勃艮第人俘虏了

1431 年 5 月 30 日
圣女贞德在鲁昂
被活活烧死

1429 年 7 月 17 日
查理七世加冕为法国国王

1435 年
与勃艮第人缔结和平
条约——《阿拉斯条约》

1429 年 5 月 8 日
圣女贞德夺回了奥尔良

1429 年 3 月
圣女贞德见到了王储多芬

1453 年
百年战争的终结

1000　　　1100　　　1200　　　1300　　　1400　　　1492　1500

中世纪末期

根据一些历史学家的说法，中世纪在 1453 年结束。但是其他历史学家认为，它在 1492 年结束。这两个日期对应着三个事件。

1453年，土耳其人占领君士坦丁堡

西罗马帝国在公元 476 年沦陷灭亡以后（这标志着中世纪的开始），由东罗马帝国继续维持着罗马人的政权。东罗马帝国的繁荣统治维持了几个世纪，但是从 12 世纪开始，就遭受到了从东方来的土耳其人（或者称之为奥斯曼帝国的人）的袭击。奥斯曼帝国的三位国王（或者可以称之为"苏丹"）穆拉德一世、巴雅泽、穆拉德二世都曾侵占到东罗马帝国更大部分地区，因此到了 15 世纪中叶，拜占庭人只剩下了君士坦丁堡的地区。1453 年，穆拉德二世苏丹袭击了君士坦丁堡地区，围困了 54 天以后，占领了这里。就这样一个拥有了 1000 年历史的国家消失了！

除了苏丹，巴雅泽二世和"冷酷者"塞利姆紧接着征服了亚美尼亚、叙利亚、埃及、阿拉伯和几乎整个北非。在欧洲，他们占领了希腊、罗马尼亚、保加利亚、塞尔维亚、阿尔巴尼亚和匈牙利的一部分。到处都是他们的精兵强将，他们被称为"亲兵"，他们是一些从基督徒家里抢过来的孩子，并被皈依成为伊斯兰教徒，训练军事作战的能力，并在敌人的队伍中播下恐怖。不过，奥斯曼人却在维也纳尝到了失败的苦果。

1492年，西班牙人再次夺回格拉纳达

从西班牙人占据主导地位以后，阿拉伯人手中只剩下一个格拉纳达王国，这个王国坚决反对基督徒的分裂行动。但是在 1469 年，卡斯蒂利亚王位的继承人伊莎贝拉和阿拉贡王位的继承人费迪南德结婚了。他们继承了他们各自父母的封地，加强了王国的实力，团结了西班牙的其他地区，使得这个新的西班牙王国更加强大，强大到有足够的实力可以收复格拉纳达

公元 476 年
西罗马帝国的沦陷和灭亡

300　　　　400　　　　476　500　　　　600　　　　700　　　　800

王国，于是在 1492 年爆发了格拉纳达战役。格拉纳达王国最后一个哈里发博阿迪尔只进行了简单的抵抗就投降了。这标志着穆斯林在西班牙统治的结束，西班牙完全变成基督教国家。不过，一直以来，许多穆斯林和犹太人都生活在西班牙的土地上，费迪南德和伊莎贝拉两位国王强加给他们一个选择：他们要么皈依基督教，要么必须离开这个国家。因此许多犹太人因为拒绝皈依基督教，而不得不迁往北非和地中海各地。

1492 年，格拉纳达最后一位哈里发博阿迪尔将城市的钥匙交给天主教的两位国王伊莎贝拉和费迪南德

1492年，克里斯托弗·哥伦布发现了美洲大陆

西班牙人长期以来一直致力于研究如何通过海上新航线到达印度，并找到他们的香料的途径。一位名叫克里斯托弗·哥伦布的意大利航海家说服了卡斯蒂利亚王国的伊莎贝拉女王，为他资助一次到达印度的航海探险。他试图从西走，而不是往东走，到达印度，这自然是可以的，正如当时我们知道的那样，地球是圆的！但是当时的人们并不知道美洲，这块大陆是克里斯托弗·哥伦布在 1492 年才发现的，他当时以为自己已经达到了印度，并把他这四次旅途中遇到的当地居民"印第安人"错误地认为是"印度人"。

1492 年
阿拉伯人统治的格拉纳达王国灭亡
标志着收复失地运动的终结
同年，克里斯托弗·哥伦布发现美洲

1453 年
土耳其人占领君士坦丁堡

玛雅人、印加人和阿兹特克人

在 1492 年西班牙人到来之前，美洲中部和南美洲发展了辉煌灿烂的文明。它们被称为"前哥伦比亚文明"。最著名的是玛雅文明、阿兹特克文明和印加文明。

玛雅人

玛雅文明是美洲最古老的文明之一。玛雅人生活在美洲中部。他们也曾建立了独立的国家，像是蒂卡尔或是卡拉克穆尔，这些国家由贵族家族统治。他们发展了自己的文字，在天文学和数学上也造诣颇高。经济上，他们以玉米和可可种植为基础发展农业，这是他们经济的主要来源，并用豆类作为交换的货币。玛雅人擅长手工编制，材质多为棉，也知道如何冶炼金属。他们崇拜许多与自然相关的神，比如太阳神和月亮神，在宗教仪式期间，他们进行大规模的祭祀。在欧洲人达到美洲大陆前近500 年，将近公元 1000 年，玛雅文明消失了，但至今仍可以找寻许多玛雅人留下的众多遗迹。

阿兹特克人

阿兹特克人称自己是"墨西加人"，"阿兹特克人"这个词是后来出现的。根据传说，阿兹特克人曾经看到一只巨大的鹰从天而降，用爪子抓住一条蛇，然后落在仙人掌上把蛇吞掉。人们想用弹弓将它打下来，但是他们很快就意

玛雅人并没有使用动物搬运货物，而是凭借人力拉着沉重的雕像穿过丛林

公元 476 年
西罗马帝国的沦陷和灭亡

| 300 | 400 | 476 | 500 | 600 | 700 | 800 |

识到这是一个神，而且这只老鹰告诉他们在这里建一个城市，并把未来首都定为特诺奇蒂特兰，这里也是墨西哥城的位置。这座城市建于 1325 年，是当时世界上最大的城市之一，拥有 20 万居民，有宽敞的街道和巨大的市场。当西班牙人发现这里的时候，他们对这里的印象是这里比任何一个欧洲城市都更加富丽堂皇，更加富有。以他们的首都为中心，或通过征服侵略或通过达成军事联盟而扩大领土，阿兹特克人因此建立了一个庞大的帝国，并且由大议会推选出一个强有力的皇帝来统治这个具有阶级社会化的国家。像埃及人一样，阿兹特克人也修建了许多大型石头金字塔，用来祭祀众神。为了祭祀众神，得到好的收成，他们也有用人祭祀的习俗。

印加人

印加人住在南美洲的安第斯山脉上。他们的帝国从 13 世纪到 16 世纪发展起来，并把首都定为库斯科。印加文明中最神秘的遗迹之一就是马丘比丘，位于现在的秘鲁。这座城市建于 15 世纪，整个遗迹高耸在海拔高 2400 米山脊的宏伟地段上，这里可能曾是一个宗教中心和皇家住所。今天你仍然可以看到超过 150 座建筑的废墟，这些建筑有高大的墙壁、露台、坡道，全都是由石头建成的，完全依靠精确的切割堆砌完成，没有使用一点儿水泥。然而，在他们还没有完全建成这里之前，由于西班牙人的入侵，修建工作不得不停滞下来。尽管印加人既没有文字，没有铁，也没有路，但是他们却仍可以统治这么一大片广阔的土地，并建立一个有组织有条理的国家。他们热切地崇拜太阳神，并且认为他们的皇帝是太阳的儿子，就像埃及的法老一样。

1000 年左右
玛雅文明消失

1325 年
特诺奇蒂特兰城
开始施工建设

1440 年左右
马丘比丘的建设

1000　　1100　　1200　　1300　　1400　　1492　1500

伟大的发现（一）

最早的发现

　　自从威尼斯商人马可·波罗完成了在中国的精彩旅程，欧洲人都梦想着环游世界，因为他们对这个充满未知的世界知之甚少。实际上，有些人确信地球是圆的，但是他们苦于没有任何证据。有些人则认为南海充满了可怕的怪物。还有一些人认为水在赤道沸腾。于是，配备了可以在公海航行的指南针、地图和船只，欧洲人开始踏上了危险的旅程，以寻找他们所关心问题的答案。

　　葡萄牙国王若昂一世的儿子，航海家亨利王子，组织了伟大的海上探险之旅。在他的带领和推动下，葡萄牙人成为了大西洋亚速尔群岛和马德拉群岛的主人，并且继续沿着非洲海岸南下探险。紧接着涌现

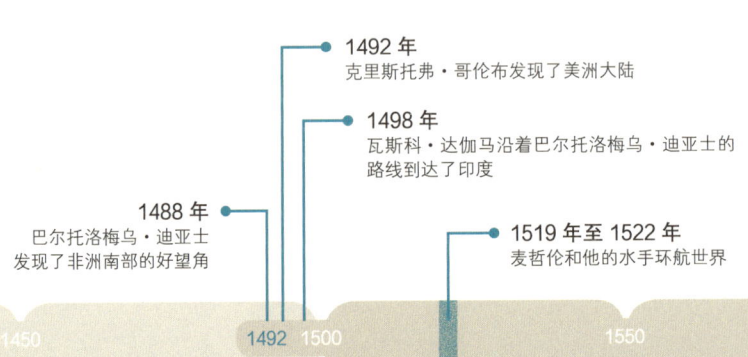

1492 年
克里斯托弗·哥伦布发现了美洲大陆

1498 年
瓦斯科·达伽马沿着巴尔托洛梅乌·迪亚士的路线到达了印度

1488 年
巴尔托洛梅乌·迪亚士发现了非洲南部的好望角

1519 年至 1522 年
麦哲伦和他的水手环航世界

1400　　　　1450　　　　1492　1500　　　　1550

出来一批出色的葡萄牙探险家：巴尔托洛梅乌·迪亚士在 1488 年发现了非洲南部的好望角；瓦斯科·达伽马在 1498 年沿着同样的路线到达了印度，特别是发现了香料路线。

克里斯托弗·哥伦布

克里斯托弗·哥伦布提出他可以借助于葡萄牙人航海的成功经验，沿着西方航行最终到达印度，因为地球是圆形的，最终成功地说服了西班牙女王卡斯蒂利亚的伊莎贝拉。女王对哥伦布的超群胆识赞赏有加。于是，女王赏赐给他三艘快帆船，并任命他为海军上将。经过两个月的海上航行，1492 年 10 月，哥伦布和他的水手们误以为到达了印度海岸。直到后来经过意大利的航海家乔瓦尼·卡博托和亚美利哥·韦斯普奇的探险，我们才意识到这里是一个新大陆。为了纪念韦斯普奇，我们把这块新大陆命名为美洲。

麦哲伦

美洲的发现并没有证明哥伦布的猜想：到底是否可以沿着西方航行，途经或绕过美洲最终到达印度呢？一位葡萄牙航海家麦哲伦对此观点深信不疑。1519 年，他航行到达美洲（这条航线现在众所周知），然后，沿着美洲大陆海岸继续南航，终于发现了一个峡道（现在被称为"麦哲伦海峡"），当他们走出麦哲伦海峡，眼前顿时呈现了一个叫作"太平洋"的新海洋，船队继续西行，航行了很久，在此期间，他们发现了几个岛屿，最终到达了菲律宾。在菲律宾，麦哲伦不幸被当地人杀害。船上余下的水手在他死后继续向西航行，他们穿过印度洋，到达了好望角，最后沿着非洲海岸向欧洲方向前进。在经历了三年艰辛的海上航行后，他们最终返回到了葡萄牙，这次环航世界之旅同时也证明了地球是圆的。

1492 年 8 月，克里斯托弗·哥伦布登上了他的三艘快帆船之一"圣马利亚"号

伟大的发现（二）

早期的殖民帝国

　　在阿尔布克尔克海军司令的领导下，葡萄牙人在发现的领土上建立起了殖民地：他们管理这些土地，开采这里的资源，就好像这里属于他们自己的国家一样。1517 年，他们占领了印度的果阿邦，马来西亚的马六甲，还有中国的澳门，他们在这里进行殖民统治近 500 年。葡萄牙人也发现了日本和巴西。

　　在他们的另一边，西班牙人首先选择在加勒比群岛的古巴定居。但是一位名叫埃尔南·科尔特斯的将军决定要踏上整个大陆。因此在 1511 年他在墨西哥发现了阿兹特克帝国。他首先与阿兹特克国的统治者蒙特祖马保持着良好的关系，他对首都特诺奇蒂特兰的美景赞赏有加，感觉整个首都就像是

西班牙的埃尔南·科尔特斯面对阿兹特克国的统治者蒙特祖马

1517 年
葡萄牙人建立澳门殖民地

1511 年
科尔特斯发现了阿兹特克帝国

1530 年
皮萨罗征服了秘鲁

1497 年
英国国王亨利八世让意大利航海家乔瓦尼·卡博托为他效劳

1534 年至 1542 年
雅克·卡蒂埃对美洲的远征

1400　　　　　　1450　　　　　　1492 1500　　　　　　1550

漂浮在建造它的湖上。

然而，西班牙人很快就被阿兹特克国用活人祭祀的习俗震惊了。与此同时，西班牙人使用的马匹、枪支和火枪也吓坏了阿兹特克人，这些东西是他们前所未闻、前所未有的。就这样，一场战争在两国之间爆发了，最后西班牙人取得了胜利，于是西班牙通过武力斗争的方式开始了对阿兹特克帝国的殖民统治。

美洲变成欧洲人的殖民地

被称为"征服者"的西班牙人渴望获得大量黄金，并不满足于阿兹特克帝国所带来的收入。于是一些人开始寻找名为"黄金国"的神秘国家，据传说，那里金子自由流动。1530 年，弗朗西斯科·皮萨罗征服了秘鲁，这里原是印加人统治的地方。其他征服者入侵智利、巴拉圭、乌拉圭和阿根廷。最后，除了巴西被葡萄牙殖民统治之外，整个南美洲都成了西班牙人的殖民地。与此同时，法国人和英国人也不想放弃西班牙人和葡萄牙人在美洲所取得的荣耀和财富。于是在 1497 年，英国国王亨利八世让意大利航海家乔瓦尼·卡博托为他效力，委托他出海寻找北美洲。卡博托沿着未来的美国海岸方向航行，一路向北，最终发现了纽芬兰。法国国王弗朗索瓦一世也委派了一名航海员雅克·卡蒂埃前往美洲。在 1534 年到 1542 年之间，卡蒂埃一共出海航行了四次，他进入了无边无际的圣劳伦斯河，继而发现了加拿大，他对这里进行了探测，于是加拿大变成了法国的殖民地。紧接着又轮到了荷兰人，他们是伟大的航海家，他们出发前往美国、非洲和印度尼西亚。

伟大发现的影响

伟大的发现极大地影响了欧洲的生活。探险家带回了新的作物，如西红柿、土豆、四季豆、玉米、烟草等。他们也带回了奇珍异品和香料，他们向欧洲人讲述了他们所遇之人的风俗习惯。更重要的是，欧洲人意识到他们并不孤单，同时也意识到这个世界上还存在着更加先进的文明——比如中国。那时候，整个欧洲都热衷于研究地图，学习地理和航海技术。

近代文明

文艺复兴

文艺复兴与人文主义

在 15 和 16 世纪，创新之风席卷欧洲。文艺复兴发源于意大利，此后迅速扩展到德国、荷兰、英国和法国。那个时代的人们渴望发现新的东西和创造新的发明。那些原本自以为了解地球一切的人已经意识到了事实上他们所知甚少，并且在其他知识领域里他们也处于同样的状况。于是他们重新研究古典文明，通过重新学习古典文献，帮助他们更好地了解自然和世界。这就是文艺复兴的开始。

古典文献的再现和传承

在中世纪，教会对画家和雕塑家要求严格，限制诸多。例如，任何艺术作品中的人物形象必须是穿衣服的。然而，那些古代文明中的异教徒却用不穿衣服的人物形象来表达艺术作品，他们认为这样可以更好地呈现出人体之美和人的本性。文艺复兴时期的艺术家决定模仿那些异教徒的表达方式作画。拉斐尔，米开朗琪罗——他曾在罗马西斯廷教堂大厅天顶上画壁画，列奥纳多·达·芬奇——他的代表著作就是《蒙娜丽莎》，这三位艺术大家的艺术作品都更好地呈现了人体之美。

思想家和文学家也不甘示弱。受古典文献的影响，涌现出了一批杰出的代表人物。比如，七星诗社的诗人约阿希姆·杜·贝莱和诗人比埃尔·德·龙沙，作家弗朗索瓦·拉伯雷和哲学家米歇尔·德·蒙田，他们都表达了他们的人文主义价值观，他们肯定了人的价值和作用，同时强调了人拥有改变世界和自我提高的能力。

建筑方面也发生了改变，首先发生在意大利，他们开始放弃了旧城堡原有的冷色调和封闭的外观设计，取而代之的是在建筑物中安装上大窗户，这样可以透过窗户照射进阳光照亮整个屋子，同时用珍贵的家具和精美的

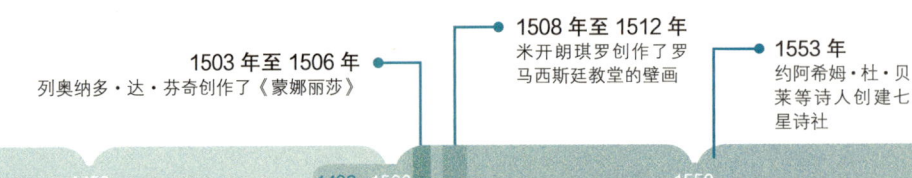

1503 年至 1506 年
列奥纳多·达·芬奇创作了《蒙娜丽莎》

1508 年至 1512 年
米开朗琪罗创作了罗马西斯廷教堂的壁画

1553 年
约阿希姆·杜·贝莱等诗人创建七星诗社

1400　　　　1450　　　　1492 1500　　　　1550

列奥纳多·达·芬奇创作的《蒙娜丽莎》经久不衰，特别是她的神秘微笑引人遐想，同时也引发了许多争议。一个大胆的猜想就是这个微笑是被列奥纳多·达·芬奇雇来的小丑在绘画过程中逗乐模特儿造成的

艺术珍品来装饰房间。

列奥纳多·达·芬奇

列奥纳多·达·芬奇是文艺复兴时期的杰出代表人物。他不仅是一位天才艺术家，也是一位伟大的发明家。现在我们已经发现了数十块他亲手签名的学术草稿，从中可以看出，他早就预见到了许多现代发现，如直升机、潜水服、计算机、滚珠轴承、降落伞、潜水艇、坦克、织机……

当然，在当时他并没有真正意义上将他的图纸变成实物，直到几个世纪以后，人们才把它们付诸实行，真正应用到实际。但毫无疑问，如果没有像列奥纳多·达·芬奇这样的奇思妙想的想象力和文艺复兴时期涌现出的创新精神，科学家和工程师就真正意义上没有想法去尝试实现这些目标。

列奥纳多·达·芬奇的大胆创新呈现给了当时的统治者：他曾为苏丹巴耶塞特二世设计一座长 240 米的桥梁，贯穿博斯普鲁斯海峡；在一位来自米兰的强大赞助人——卡洛·斯福尔扎伯爵的支持下，设计出了飞行器；与此同时，弗朗西斯一世邀请列奥纳多到法国昂布瓦斯工作，这里离气势恢宏的卢瓦尔大区的香波尔城堡很近，这个时期建造的布卢瓦城堡和舍农索城堡就是汲取了意大利建筑风格的灵感而建造的。

宗教改革

面对神圣罗马帝国查理五世时，路德捍卫自己的立场

路德

在中世纪，天主教会拥有很大的权力，但有时教会滥用职权，独断专行，枉法营私，它利用职权侵吞了太多的社会财富。在公元 16 世纪，一位名叫马丁·路德的德国僧侣鼓足勇气提出质疑，表达了他的不同意见。他重新指出天主教会的使命和存在原因就是充当上帝和基督教徒之间不可缺少的中间人作用。他同时提出几个世纪以来教会对《圣经》的解读实际上违背了《圣经》的初衷。因此，他提议在心无杂念地阅读《圣经》本身中找寻信仰的真理。于是他被定罪为"异端邪说"，即背叛教会的罪名，并面临被教会判处死刑的危险。然而，面对神圣罗马帝国查理五世时，他仍捍卫自己的立场，义正言辞地提出自己的反对意见，他得到了萨克森选民弗雷德里克二世的庇护，将他带到自己的领土上，即位于艾森纳赫的瓦尔特堡。在那里，保障了路德的安全，路德也在这里完成了首次将《圣经》完整地译成现代德语的翻译工作。

1540 年
依纳爵·罗耀拉建立了宗教新秩序，即耶稣会

1545 年至 1563 年
罗马教会在特利腾大公会议重新制定其原则

1530 年
路德提出《奥斯堡信条》

1555 年
查理五世在他的帝国中容许新教

1521 年
在皇帝查理五世面前，路德表达了他对宗教改革的想法

| 1400 | 1450 | 1492 | 1500 | 1550 |

宗教改革的延伸

罗马教会拒绝了路德的宗教改革，因此路德建立了一个独立的教会，制定了教理问答课本，即《奥斯堡信条》，新教就此诞生了。路德提议只保留洗礼和圣餐这两个重大的圣事。他还决定以后的弥撒不用拉丁语进行，而改用德语，这样每个基督徒都可以更好地理解其中的含义。他甚至容许教会的牧师结婚，组建家庭，这样他们可以与普通人生活在一起，更好地了解他们存在的问题。

几个德语国家都采用了路德的宗教改革。查理五世仍然坚持保持天主教会，直到1555年签订完了《奥格斯堡和约》，才承认了路德新教，并且规定，德国各州可以自由地选择他们的教会，但是强调在任何一个国家里，臣民和王子都要信奉相同的宗教信仰。这个原则总结为"什么样的王子，什么样的宗教"。因此德国的北部各州一般都是新教徒，南部各州则仍然保持着天主教。

另一位宗教改革者，法国人约翰·加尔文创造了另一种新教，传播到了法国、瑞士、德国、荷兰、英国，一直传播到了美国。

反宗教改革

面对这些危机，罗马教会做出了反抗。首先罗马教会澄清了自己没有滥用职权的行为，然后组织召开了一个大型的"主教议会"，也就是说召集了所有在教堂工作的代表到特利腾召开议会，这是一个地处意大利蒂罗尔州的小镇。特利腾大公会议重新制定了天主教教义，并发表了一个新的教理问答，不过这个新的教理问答直到20世纪才被传授。

天主教会还试图拉拢人文主义者和文艺复兴时期的艺术家，这些人被罗马宗教会的改革所吸引。1540年，一位名叫依纳爵·罗耀拉的西班牙人建立了耶稣会，这是一个基于人文主义思想而建立起来的新的宗教秩序，同时他也创建了一所高标准的学院。许多名门望族将子女送到这些学院接受教育。被称为"耶稣会士"的耶稣会成员也是第一批奔赴到世界的另一边为美洲人民和亚洲人民传播基督教义和信仰的最早的"传教士"。

近代文明

宗教战争

法国社会的分裂

宗教改革在法国有许多追随者，这个国家因此而被分裂开来。许多伟大的领主成了新教徒。相反，其他人则热忱地捍卫着传统的天主教。在弗朗西斯一世和亨利二世的统治时期，新旧教会的对立在 20 世纪上半叶或多或少都是和平的。

但是，瓦卢瓦王朝后期的几位国王：弗朗索瓦二世、查理九世和亨利三世，都比较懦弱无能，无法避免两种宗教之间的冲突，于是演变成了战争。1562 年至 1595 年间，法国一共爆发了八次内战，我们称为"宗教战争"。这其中，最为骇人听闻的则是爆发在 1572 年 8 月 24 日的圣巴多罗买大屠杀，当时天主教在巴黎和其他大城市对新教徒展开了大规模的屠杀。查理九世呼吁双方保持冷静，停止冲突，但无济于事。整整一夜，无辜的人被砍头，被扔出窗外，被绞死，甚至他们的家也被洗劫一空。

亨利四世即位和南特赦令

在 1576 年，亨利三世希望通过签订《博略合约》重建和平，该合约表明法国承认了新教。但是天主教对此表达了强烈的不满，并建立

圣巴多罗买大屠杀致使三万名无辜的法国人丧生

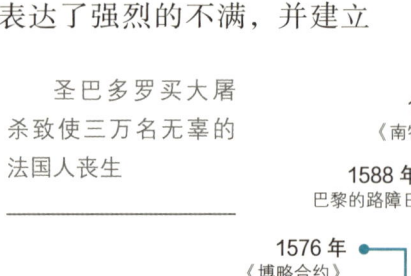

1598 年
《南特赦令》

1588 年
巴黎的路障日

1576 年
《博略合约》

1572 年 8 月 24 日
圣巴多罗买大屠杀

1400　　　　　1450　　　　　1492 1500　　　　　1550

1562 年至 1595 年：
法国的八次宗教战争

了一个反对联盟。1588 年，巴黎人民甚至爆发了一个名为"路障日"的骚乱，反对国王的统治。不久，国王亨利三世被狂热的天主教徒暗杀，他去世以后，他的继任者是他的远方表亲之一亨利四世。事实上，这位新国王亨利四世是新教的领袖。由于他的雄才大略和宽宏大量，他恢复了法国和平稳定的状态。事实上，亨利四世在童年时代就是新教徒，然后又变成了天主教徒，最后又重回新教徒，这段经历使他可以更好地设身处地理解在宗教问题上的意识冲突问题。为了成为合法的国王，亨利四世最终改信天主教（据说亨利曾说："巴黎值得一场弥撒"）。于是，他的权力得到了加强，他于 1598 年颁布了《南特赦令》，这是以法律的形式保障了新教在某些特定的条件下和某些地方的合法性。法国民众也因为常年饱受宗教战争之苦，苦不堪言，终于也妥协下来，于是法国终于结束了战争，国家重归平静和安定。

30年的宗教战争

法国的宗教战争很快点燃了欧洲其他国家。在 17 世纪初，神圣罗马帝国的新皇帝斐迪南二世即位，他同时也是波希米亚国王，他是这个王朝的最后一位皇帝，他是一名狂热的天主教徒，严禁新教徒的任何宗教活动。于是在 1618 年，新教徒发动起义，他们闯进皇宫，把国王代表推出窗外，这就是"布拉格抛窗事件"。

紧接着，几乎在整个欧洲都爆发了一场大规模的战争。这是一场由德国、丹麦、瑞典和英格兰组成的新教阵营对抗由神圣罗马帝国和西班牙王国（在哈布斯堡王朝统治时期）为首的天主教阵营而爆发的战争。虽然同样身为天主教徒，法国却加入了新教徒阵营，因为它想阻止哈布斯堡王朝统治整个欧洲。这场战争是历史上伤亡最惨重的战争之一，使 300 万至 400 万德国人因此丧生。这场战争持续了 30 年，于 1648 年签订《威斯特伐利亚和约》而宣告结束，在 1659 年签订的《比利牛斯和约》作为这项和约的补充内容。

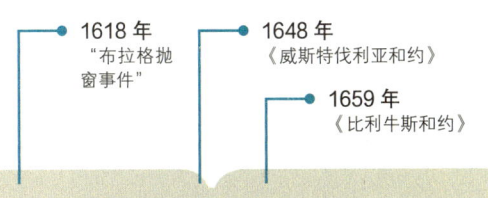

1618 年
"布拉格抛窗事件"

1648 年
《威斯特伐利亚和约》

1659 年
《比利牛斯和约》

1650　　　　　　1700　　　　　　1750　　　　　1789　　1800

近代西班牙

西班牙的菲利普二世

　　菲利普二世在 1555 年继承了国王查理五世的王位，成为了西班牙国王，他还统治了荷兰、意大利的一半领土以及美洲中部和南部的辽阔土地。为了庆祝在圣康坦战役中对抗法国国王亨利二世的胜利，为了纪念他的父母，同时也为了庆祝如火如荼进行的反宗教改革运动，他在位于马德里以北的一座山脚下，距离这里数百米的地方，即埃斯科里亚尔建筑了一座巨大的方形建筑物。这是一座巨大的修道院及一座雄伟壮观的教堂。而国王的宫殿相比就显得很小，位于下方，是那么地不显眼。事实上，菲利普二世非常虔诚，想借此表明多亏了上帝的庇护，他才可以在地球上统治，并永远为上帝服务的态度。

　　当时，土耳其人威胁着整个欧洲，他们企图占领整个欧洲。在征服了君士坦丁堡和巴尔干半岛后，他们威胁着中欧并逼近着维也纳。然而，经过三个月的激烈战斗，1565 年马耳他勋章骑士团（其中菲利普二世是宗主国国王）首先在马耳他大港瓦莱塔击败了他们。1571 年，菲利普二世在一场历史上著名的"勒班陀海上战役"中再次战胜土耳其人。土耳其人因此被永久地赶出了西欧。

西班牙的"黄金时代"

　　公元16世纪西班牙取得了巨大的威望，得到了巨大的发展。在美洲的殖民统治为西班牙带来了巨大的财产，为他带来了大量的黄金。同时，在大学里学者云集，比如萨拉曼卡大学。画家委拉斯开兹和画家埃尔格列柯或作曲家汤马斯·路易斯·德·

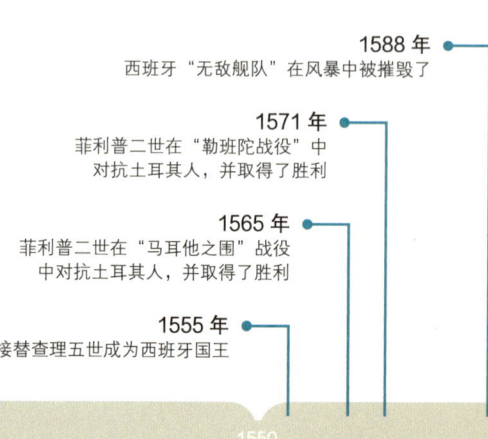

1588 年
西班牙"无敌舰队"在风暴中被摧毁了

1571 年
菲利普二世在"勒班陀战役"中对抗土耳其人，并取得了胜利

1565 年
菲利普二世在"马耳他之围"战役中对抗土耳其人，并取得了胜利

1555 年
菲利普二世接替查理五世成为西班牙国王

1400　　　　　1450　　　　　1492 1500　　　　　1550

维多利亚等杰出艺术家也都驰名中外。基于以上所有原因，16 世纪故被称为西班牙的"黄金时代"。

然而，西班牙取得的这些成功并没有满足菲利普二世国王的野心，1588 年，西班牙舰队"无敌舰队号"航行到英格兰，并企图征服占领英格兰，不料舰队完全被风暴摧毁了，这大大削弱了西班牙的军事力量。

堂吉诃德摔在地面上，他想要攻击……风车，却不承想从马上摔下来

《堂吉诃德》

在所有记录着世界历史的作品中，《来自曼查的骑士诃德大人》占据着一个特殊的位置。这本书讲述了堂吉诃德的冒险经历，这位男人受到他所读过的骑士精神的浪漫主义影响，想要与邪恶和不公正做斗争。他出发前往西班牙各地，骑着一匹叫作罗西南特的瘦马，跟随着他的是他的仆人桑乔·潘扎，因为这个人太胖了，所有驴子没有办法载他。在他们身上发生了上千次的冒险。例如，堂吉诃德认为风车会变成邪恶的骑士，然后他手握长矛想要击退他们，但是他碰到了风车，然后从马上摔下来了！作者塞万提斯并没有嘲笑他的性格。恰恰相反，他认为虽然一个人看起来很疯狂或者一个人笨手笨脚，但是他一直为了正义而战，这点是正确无疑的，也是令人同情的。

1605 年至 1615 年
作者米格尔·德·塞万提斯发表的《堂吉诃德》

1650　　　　　1700　　　　　1750　　　　1789　1800

近代文明

荷兰的诞生

沉默者威廉一世

查理五世从他的父亲那里继承了领土，这些领土相当于今天的荷兰和比利时。他的继承者，西班牙国王菲利普二世继续统治这些领土，我们称这里为"荷兰"。这个地区的居民习惯于自由。当马丁·路德和加尔文发动宗教改革的时候，他们认为他们可以凭借自己的意愿，接受这种新的基督教形式。这自然不是天主教执着的捍卫者菲利普二世所期望的，于是在1567年，他派遣了一支由阿尔瓦公爵领导的强大军队，目的是迫使荷兰人（荷兰居民）再次成为天主教徒。荷兰人民在奥兰治－拿骚王朝的威廉王子的领导下顽强反抗，威廉王子就是后来被称为"沉默者威廉一世"的荷兰国王。对于那些认为荷兰人会被西班牙军队压垮的人，他热情地重复道："着手去做，希望的结局也不一定会发生，坚持不懈地努力也不一定会成功。"

联省共和国

阿尔瓦公爵是无情的，他屠杀了大城市安特卫普的7000名居民。然而，反抗者取得了胜利，赢得了整个国家。最终，南部的省份希望继续保持天主教，与西班牙达成和解。另一方面，北部的7个省（荷兰、泽兰、格罗宁根、弗里斯兰、上艾瑟尔、海尔德兰和乌德勒支）联合起来建立了一个新的新教国家，即联省共和国。

联省共和国趁着西班牙"无敌舰队"失利的契机，争取到独立自主，脱离西班牙的统治。联省共和国拥护奥兰治－拿骚王朝的王子们指挥军事，他们事实上是沉默者威廉一世的后裔。然而，事实上所有的政治权利属于代表人民的议会，就是一个共和国；这是一个新的制度，一个不同于传统意义上国王拥有所有权力的国家。

由于当时他们的舰队比英格兰、法国和西班牙的船队更强大，因此荷

1567 年
阿尔瓦公爵屠杀了安特卫普市的 7000 名居民

1579 年
联合共和国争取到了独立自主

| 1400 | 1450 | 1492 | 1500 | 1550 |

兰主导了北海、波罗的海乃至地中海的贸易。他们的冒险精神指引他们离开欧洲前往美洲，并在那里创立了新的阿姆斯特丹，也就是后来的纽约；他们控制了亚洲的印度尼西亚，并以此向欧洲各国供应香料；在南非，他们在好望角周围建立了一个大型殖民地。

自由与艺术的国家

没有任何一个欧洲国家的人民拥有像荷兰人一样多的自由。他们宽容，允许天主教徒和犹太人在他们的土地上和平相处。荷兰公民可以自由地进行贸易，开展业务，出版书籍和报纸。因此，许多欧洲思想家和科学家来到荷兰定居生活，享受这个国家带给他们的自由。法国哲学家笛卡尔在这里生活了 20 年。联合共和国同样也是一个伟大的艺术国家，特别是在绘画领域：扬·弗美尔、弗兰斯·哈尔斯、范勒伊斯达尔、伦勃朗……这么多荷兰画家的名气与意大利画家名气相当。

荷兰画家伦勃朗正在创作他的著名画作《夜巡》

1624 年
纽约的建立

1650　　　　　　　　1700　　　　　　　　1750　　　　　1789　　1900

路易十三和路易十四

铁血宰相——黎塞留

当路易十三长大成人，到了可以亲自执政的年纪，他主要依赖红衣主教黎塞留的帮助。黎塞留是一位非常独裁专政的人，他希望每个人都能绝对地服从国王。对他而言，新教徒享有太多的独立和自由。因此，尽管早已颁布了《南特赦令》，他仍无情地发动了一场战争，特别是在1627年至1628年发生的最著名的"拉罗歇尔之围"，这让拉罗歇尔几乎所有的居民都死于饥饿。黎塞留的固执己见虽然可怕但是行之有效。这为法国带来了强盛的国力，从而阻碍了三十年战争期间英勇的西班牙军队入侵法国，占领法国领土。

路易十四的统治

在路易十三1643年去世的时候，他的儿子路易十四即位，登基做了国王，当时他只有5岁。他对法国进行长达72年的统治，也是法国历史上在位时间最长、统治时间最久的一位国王。路易十四登基之初，由他的母亲，奥地利的安娜摄政，并由意大利的红衣主教马扎然担任首相。首相马扎然处理朝政的时候，通过提高税收的方法来应对西班牙的战事，这很快引起了巴黎的资产阶级和贵族的不满，于是他们发起了暴动，这场暴动被称为"投石党运动"。最终，巴黎恢复了平静，迎来了和平，但是，这场暴乱也由此为法国带去了混乱的局势，为法国人民带去了无尽的苦难。1661年，首相马扎然去世了，23岁的路易十四决定亲政，独自掌权，不再任命任何首相。路易十四的统治期间是法国最辉煌最灿烂的时期，后来他也被称为"太阳王"。他在位期间负责主持修建了举世闻名的凡尔赛宫，直到今天来自世界各地的人民仍远赴法国瞻仰它的辉煌壮丽。同时，这个国王还大力发展艺术和文学。他善于发现那些有识之士，并且重用他们，像当时

路易十四在凡尔赛宫宏伟的镜厅，受到朝臣的欢迎和拥护

的莫里哀、拉封丹和拉辛。在他统治期间，法国增加了新的大区：佛兰德斯大区、阿图瓦大区、鲁西永大区、弗朗什－孔泰大区和阿尔萨斯大区。然而，一方面，由于他发起了无可计量的与邻国的征战，消耗了国力，迫使经济破产。另一方面，他在 1685 年取消《南特赦令》，并开始对新教徒进行迫害，也为法国带来了不可估计的严重后果，使得 15 万人逃亡德国，这些新教徒中有科学家，学者、企业家或是技术精湛的工匠，他们的离开无疑也是法国的一个巨大损失。

柯尔贝尔的杰出贡献

从 1665 年开始，路易十四得到了一位杰出的财政部长的辅助，这个人就是让－巴普蒂斯特·柯尔贝尔，他在经济领域颇有建树。在他的领导下，创建了纺织工厂和冶金工厂，商船队和战舰队。他授权商船队组建武装用以对抗英国舰队和荷兰舰队，我们将这些临时的士兵称为"海上冒险家"。他创建了东印度公司，从而使得法国在海外殖民地的发展中拥有足够的实力与英国和荷兰抗衡，不至于落后于这两个国家。柯尔贝尔还鼓励发展科学：他创建了科学院，兴建了植物园，将意大利天文学家卡西尼带到了法国，从而兴建了巴黎天文台。

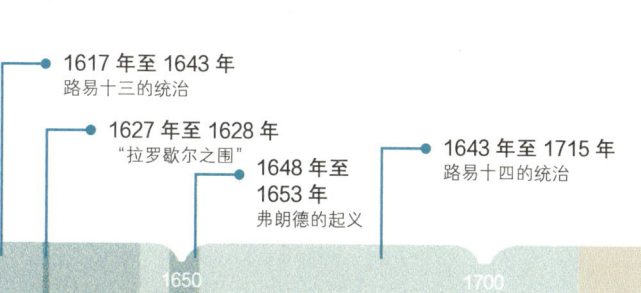

1617 年至 1643 年
路易十三的统治

1627 年至 1628 年
"拉罗歇尔之围"

1648 年至 1653 年
弗朗德的起义

1643 年至 1715 年
路易十四的统治

1650   1700   1750   1789 1800

近代英格兰

亨利八世和圣公会

　　红玫瑰代表兰开斯特王朝，白玫瑰代表都铎王朝，这两个王朝为了争夺英格兰王位而爆发的可怕的"玫瑰战争"标志着英格兰中世纪的终结。玫瑰战争结束，都铎王朝最终获胜，亨利八世成为这个王朝最早的国王。他由于再婚问题与罗马教廷决裂，于是在 1531 年，他将英国教会独立于罗马，由此诞生了"圣公会"教会。这个王朝王位的继任者分别是：爱德华六世、玛丽都铎和伊丽莎白一世。在 1603 年，伊丽莎白一世驾崩的时候，由她的侄子詹姆斯一世继任当了国王，并开辟了一个新的王朝，即斯图亚特王朝。

英国第一次内战

　　就像法国国王一样，詹姆斯一世也希望自己拥有至高无上的权力。在没有征得议会同意的情况下，他提出了征收新的税收。由于议会中的众多议员都是"加尔文主义者"的新教徒，这是一种源于改革者约翰·加尔文的理念的一种新教，这比詹姆斯一世建立的英国国教主义更加严格，因此引发了巨大的冲突。这些新教徒被称为"清教徒"。1620 年，他们中的许多人不得不被迫逃离此处。他们乘"五月花"号船只前往美国。

　　他们当时并不知道有朝一日他们将会在他们发现的殖民地那里建

　　这些朝圣者被称为英国人，他们逃离自己的国家，乘坐"五月花"号登上美国

1531 年
亨利八世与罗马教廷决裂并创建了"圣公会"

| 1400 | 1450 | 1492 1500 | 1550 |

立一个全新的国家，这个国家就是美利坚合众国。

然而在伦敦，宗教冲突并没有因此而平息。从 1640 年开始，新国王查理一世的武装和由奥利弗·克伦威尔领导的议会军队之间爆发了一场激烈的武装冲突。1649 年，查理一世被俘并被判处死刑，公开斩首。这是有史以来，人民第一次处死他们的国王，这是一场真正的革命。

王朝复辟和第二次内战

克伦威尔顺势创建了一个共和国，并将它命名为联邦（"共同利益"）。但是这个共和国实质上只是徒有其名。事实上，克伦威尔在这十年的统治期间，表现得更像是一个真正的独裁者，并对爱尔兰天主教徒的反抗进行强烈的武装镇压，因此时至今日英国人和爱尔兰人之间的仇恨仍然存在。1658 年，他死后，英国人希望可以进行王朝复辟，于是他们迎回了查理一世的儿子查理二世，他一直逃亡在法国。他重新登位，恢复了自己国王的地位，前提是不能拥有绝对的权力，不能成为一个专制的君主。

然而，宗教问题上的分歧一直分裂着英国。查理二世的继任者本应该是他的弟弟詹姆斯，但是他是一名天主教徒。于是在议会中，出现了两个阵营：一个是托利党，主张无论发生任何事情都对国王绝对忠诚；另一个是辉格党，则主张通过议会，任命一名新教徒担任国王。在 1685 年查理二世逝世时，他的弟弟以詹姆斯二世的名义登上了王位。但是大多数的辉格党人则拥护新荷兰的新教徒王子——奥兰治的威廉三世担任英国的国王，前提是他的权力受到议会的限制，只拥有有限的权力，并且承认议会的权力。1688 年，詹姆斯二世被迫让位于威廉三世，这导致英国的第二次内战。因此，英国建立了君主立宪制体系，议会拥有很大的权力，发挥很大的作用。

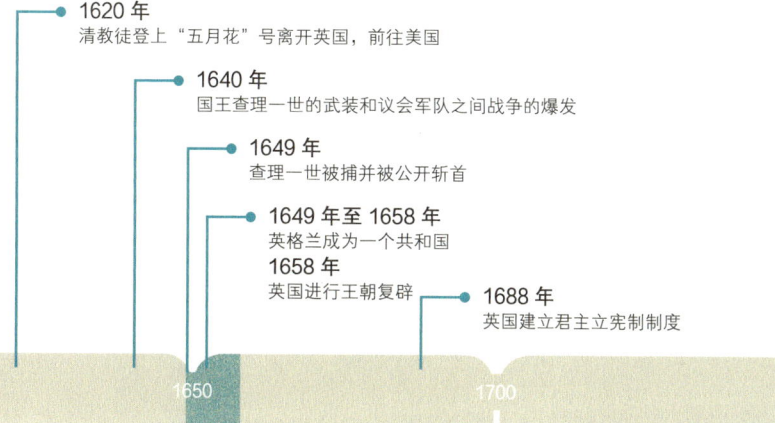

1620 年
清教徒登上"五月花"号离开英国，前往美国

1640 年
国王查理一世的武装和议会军队之间战争的爆发

1649 年
查理一世被捕并被公开斩首

1649 年至 1658 年
英格兰成为一个共和国

1658 年
英国进行王朝复辟

1688 年
英国建立君主立宪制度

1650　　　　1700　　　　1750　　　　1789　1800

近代文明

现代德国

萨克森州

萨克森州是神圣罗马帝国的伟大公国之一。被称为"强者"的奥古斯特二世是该州最著名的王子。他在 1694 年至 1733 年统治该地区。为了取悦那 7 名重要的选帝侯，即有权选举神圣罗马帝国皇帝的封建诸侯及大主教的重要人物，于是他放弃了新教，成为了天主教徒。这也促使他于 1697 年当选为波兰国王。他和他的继任者们在他们的首都德累斯顿建造了许多宏伟的宫殿和教堂。这座城市非常美丽，被誉为"易北河上的佛罗伦萨"。这里的一位工匠也发明了一种像中国的瓷器一样精美的瓷器。今天在欧洲的任何地方，我们都可以买到由萨克森州制作的精美的小雕像或是餐具。

奥地利

自公元 15 世纪以来，神圣罗马帝国的皇帝均来自哈布斯堡家族。由于奥地利是这个家族的封地，其首都维也纳也就自然而然成为了帝国的中心。在当时，奥地利经历了前所未有的追求艺术和文化的热潮，为了与凡尔赛宫媲美，它修建了美泉宫。同时像萨尔茨堡大教堂这样卓越的建筑物也点缀着这个国家。在女王玛丽娅·特蕾西亚和国王约瑟夫二世统治期间，他们的儿子，一个伟大的改革家，通过改革将这个国家变成了一个更加自由的国家。与此同时，维也纳也是欧洲最伟大的音乐之城：莫扎特、贝多芬和许多其他伟大的作曲家都曾住在那里。

普鲁士

一直以来，条顿骑士的僧侣士兵统治着东欧的领土。在十字军东征结束离开圣地后，条顿骑士征服了东部的广大领土。当宗教改革取消了宗教的特权时，这片土地成为了普鲁士公国，并由霍亨索伦家族统治，霍亨索

莫扎特是一个神童：他在 11 岁时创作了他的第一部歌剧！之后他创作了许多其他名作，如《费加罗的婚礼》和《魔笛》

伦家族同时也统治了勃兰登堡。

公元 17 世纪末，腓特烈·威廉王子有一个别出心裁的想法，从而扩充了这个公国的人口：他吸引欧洲各地的男人和女人到这里，特别是那些因为《南特赦令》的撤销而被牵连的那 2 万法国新教徒。同时，他治国有方，使这个国家变得更加强大。腓特烈·威廉组建了一支强大的军队，还开设了一所纪律严明的军事学校，在这里传授作战的技巧。1701 年，他被授予了普鲁士国王的称号，并将王位传给腓特烈一世和腓特烈二世。首都柏林也因此成为了一个大城市，地处于一个永远在扩张和发展的领土的中心。

1618 年
勃兰登堡和普鲁士以普鲁士公国的名义联合起来，并由霍亨索伦家族领导

1694 年至 1733 年
奥古斯特二世统治，被称为"强者"

1701 年
腓特烈·威廉被授予普鲁士国王的称号

1756 年
莫扎特出生

1770 年
贝多芬出生

1650　　　　1700　　　　1750　　　　1789

近代俄罗斯

近代俄罗斯的创建者——彼得大帝

从沙皇米哈伊尔一世创建了罗曼诺夫王朝，俄罗斯就进入了一个全新的王朝。彼得大帝是这个王朝最杰出的沙皇之一。

彼得大帝很小的时候就读了很多介绍欧洲的书，所以当他长大成人以后，他渴望去欧洲看看，去那里看看它们的宫殿、教堂、现代的工厂，还有造船厂。然而他并不希望像其他的国王一样去那里只是单纯地游山玩水，他们眼中只有欧洲宏伟壮观的宫殿和豪华的宫廷花园，除此之外别无他物。于是他给自己改名为"彼得·米哈伊洛夫"，乔装打扮成普通人，没有告诉任何人他国王的身份，到工厂和造船厂去做一名最普通、最底层的工人，这样可以更好地了解他们是如何工作的。他于1697年3月离开了俄罗斯帝国，他分别去了欧洲的荷兰、英国和法国，在那里生活了1年多的时间。他的这次外交出使史称"大出使"。

当他登基成为沙皇以后，彼得把他在欧洲旅行中目睹过的欧洲盛况应用到了俄罗斯帝国的改革中，他从未停止对俄罗斯帝国的现代化改造。他邀请来了来自欧洲的技术人员和教授，创建了大学，积极兴办了工厂。他甚至命令俄罗斯贵族中的男士要像欧洲人那样着装，并命令他们剪掉他们一直留着的胡须。

圣彼得堡

彼得大帝在战胜瑞典后占领了芬兰。俄罗斯帝国因此取得了波罗的海的入海口。为了庆祝这一伟大胜利，并庆祝彼得大帝的辉煌统治，他在涅瓦河流入波罗的海的入海口建立了一个新的城市，即圣彼得堡。事实上，彼得大帝并不喜欢莫斯科，因为这里木制的房子和人民都深深地被陈旧的信仰束缚着。他梦想着可以建一座现代化城市，在这里到处坐落着宏伟壮

观的建筑物和明亮的外墙。为了使圣彼得堡可以成为珍宝，可以与欧洲那些美丽的城市媲美，于是他邀请了欧洲最著名的建筑师和艺术家进行修建工作。就这样圣彼得堡在 1712 年成为了俄罗斯帝国的首都，一直持续到 1917 年。

1762 年 9 月 12 日，举行了叶卡捷琳娜大帝的加冕典礼

叶卡捷琳娜二世——致力对外扩张的俄罗斯帝国女皇

彼得大帝去世以后，俄罗斯帝国经历了一段动荡的时期，直到 1762 年，一名强硬有力的女人掌权，她就是叶卡捷琳娜二世。她欣赏法国，跟随着彼得大帝的步伐，并把像狄德罗这样的哲学家邀请到她的宫廷为她工作。

叶卡捷琳娜也希望对这个国家进行现代化改革。然而，因为她听从了不好的进谏，发展了农奴制，也就是说领主有权强迫农民耕种他们的土地。

俄罗斯帝国这个时期的伟大之处在于其领土的范围不断扩张。叶卡捷琳娜致力于俄罗斯帝国的领土扩张。英勇善战的哥萨克骑兵已经穿过乌拉尔山脉到达了广阔的中亚和西伯利亚地区。1640 年，他们到达了太平洋，一直到达了亚洲的领土。叶卡捷琳娜二世还将俄罗斯帝国的领土向南扩张，占领了一直被蒙古人占领的克里米亚。之后，她又同奥斯曼帝国作战，为了使俄罗斯帝国的战舰和商船可以通过博斯普鲁斯海峡进入地中海。就这样，俄罗斯帝国成为了令欧洲人都需要忌惮的大国。

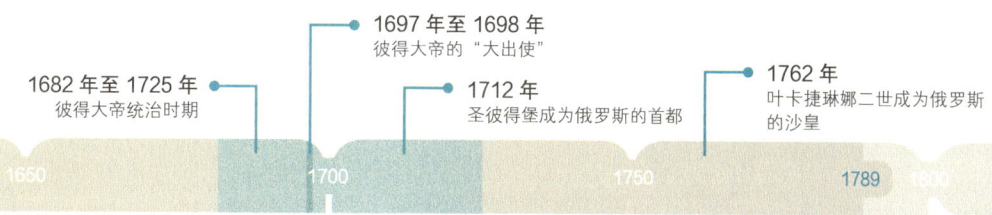

1682 年至 1725 年
彼得大帝统治时期

1697 年至 1698 年
彼得大帝的"大出使"

1712 年
圣彼得堡成为俄罗斯的首都

1762 年
叶卡捷琳娜二世成为俄罗斯的沙皇

1650　　　　1700　　　　1750　　　　1789　1800

公元 18 世纪的法国

温和的路易十五统治时期

　　在路易十五统治期间，法国一直扩大到了洛林地区，这里是由前波兰国王遗留下来的，还扩大到科西嘉岛，这里是由法国部长从热那亚共和国购买所得。然而，在路易十五统治期间，由于受到毫无休止战争的影响，导致了法国失去了庞大的殖民地土地。因此，法国杜布雷将军尽管成功占领了印度的众多地区，英国人还是赶走了法国，将印度归为己有，全部占领。同样，七年战争使法国人对抗英国人，导致了法国也失去了加拿大的殖民地，英国又从中牟利。

法国帮助美国进行独立战争

　　美国人民开始反抗英国的殖民统治，一场旷日持久的战争爆发了。美国人由于缺少经验，组织不善，几乎全军覆没了，这个时候法国士兵赶来帮忙，特别是杜·莫提耶，拉法耶特侯爵，他作为志愿者积极地加入到乔治华盛顿将军的阵营。1778 年，法国政府还派罗

1400　　　　　　　　1450　　　　　　　1492 1500　　　　　　　1550

尚博海军上将指挥大型舰队支持美国。美国因此取得了独立战争的胜利，获得了自由，它的命运也因此与法国的命运紧密地联系在一起。

路易十六未能成功对法国进行改革

与此同时，路易十六在 1774 年成功地从他的祖父路易十五手中继承王位，当上国王，他任命聪明的经济学家杜尔哥为总理。杜尔哥这个人，他想进行改革从而改善法国人的命运。他企图为经济注入更多活力，赋予经济市场更大的自由：他废除了限制工作自由的公司，使粮食贸易更加自由灵活，这对面包贸易至关重要，并取消了妨碍农民好好照顾自己农场的劳役。

他甚至希望法国人民在赋税面前人人平等。很多人向国王抱怨，表达了对他政策的不满，终于在 1776 年，国王不得不屈服并罢免了杜尔哥的职务。之后，其他出色的部长相继接替了他的职务，比如内克尔或卡洛纳，但是他们的改革都以失败告终。财政赤字越来越严重，贵族和教会却拒绝缴纳更多的税收，然而路易十六却懦弱，毫无对策。于是在 1789 年春天召开了三级会议，这一事件引发了法国大革命。

1777 年 12 月，乔治·华盛顿，在拉法耶特侯爵莫提耶（乔治的右手边）的陪同下，在宾夕法尼亚州的福吉谷建立了他们冬天的军营。他的军队在寒冷中遭受了极大的痛苦，但是在这个事件中他们表现得团结一致、同心协力，由此可见他们已经准备好了赶走英国人

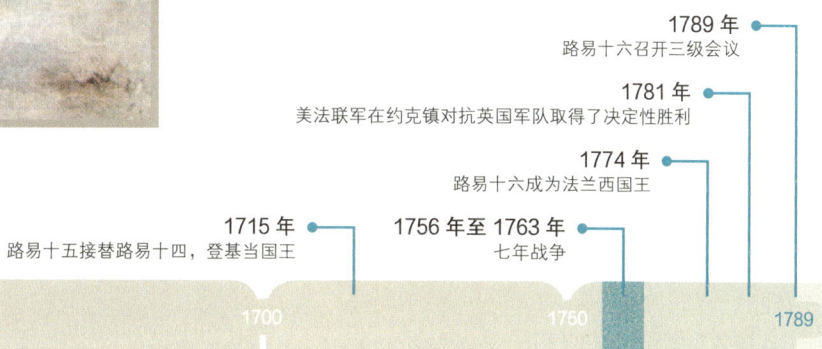

1789 年
路易十六召开三级会议

1781 年
美法联军在约克镇对抗英国军队取得了决定性胜利

1774 年
路易十六成为法兰西国王

1715 年
路易十五接替路易十四，登基当国王

1756 年至 1763 年
七年战争

1650　　　　1700　　　　1750　　　　1789

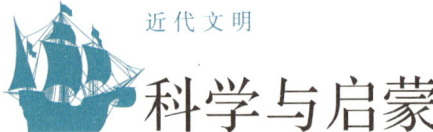

科学与启蒙

伽利略观察天体

科学的进步

中世纪几乎忘记了希腊科学的一切。然而，从 12 世纪开始，人们在欧洲创建了大学，在那里人们可以再次研究古代科学。

在文艺复兴时期，哥白尼继承并发扬了希腊天文学家阿里斯塔克斯"日心说"的观点，即地球围绕着太阳转。伽利略则通过他制造的一种新仪器，即天文望远镜，用以观察行星及其卫星，从而证实了这一假设。而开普勒则了解了行星的运行轨迹，行星的运行轨迹是椭圆形的而不是圆的。

希腊人思想上的自由是这些学者灵感的源泉，安德雷亚斯·维萨里和安布鲁瓦兹·帕雷，他们敢于剖析尸体，从而了解人体的结构功能。在 17 世纪，英国人哈维发现了血液循环的规律。像笛卡儿、帕斯卡或牛顿这样的伟大物理学家们理解了并科学地解释了诸如光的扩散、大气压力（即空气的重量）或引力（也就是重力）等现象。

像费马和欧拉这样的数学家，像卡尔·林奈、布丰和朱西厄这样的植物学家，或是像拉瓦锡这样的化学家，或是像伏打和安培这样的物理学家，

公元 12 世纪
在欧洲建立大学

他们在了解世界和宇宙方面取得了显著的成就。

启蒙运动

公元 18 世纪，自然科学取得了很大的进展，为人类的"理性崇拜"带来了很大的信心。他们认为应该以真理作为唯一评判标准，对宗教、道德和社会制度进行研究，必要的时候，对于传统也需要提出质疑。皮埃尔·贝尔倡导科学研究的自由，反对审查制度。孟德斯鸠向法国人介绍了英国君主立宪制，宣称这比君主专制统治更有利于自由。西哀士则挑战了贵族和神职人员的特权。伏尔泰希望改善司法体制，使司法更加公正：1765 年，伏尔泰帮助法国商人让·卡拉斯重获自由，该男子此前在没有任何证据证明他有罪的情况下，被判处死刑。这个时期被称为"启蒙运动"时期，因为理性的科学知识似乎是无知黑暗中的光源，将人们引向光明。

《百科全书》

启蒙主义思想很多时候是通过一本名为《百科全书》的词典而广泛传播的，该书一共 35 卷，由作家德尼·狄德罗和数学家让·勒朗·达朗贝尔共同编写。当时最优秀的学者和专家都向该书提供了所有现代主义科学和理论的文章。同时，该书非常推崇工匠和工程师的技术和机械工艺，在当时这一领域很少受到人们的重视。书中还附有很多非常详细的机械绘图，这在当时也是一个创举。《百科全书》深刻影响了欧洲民众的信念。至于"启蒙运动"，其也为 1776 年的美国独立战争和 1789 年的法国大革命奠定了坚实的基础，起到了重要的作用。

1765 年
在伏尔泰的帮助下，让·卡拉斯重获自由

1751 年至 1772 年
狄德罗和达朗贝尔共同编写《百科全书》

1650　　1700　1715　　1750　　1789

近代文明

最早的殖民地统治

殖民帝国

　　在公元 16、17 世纪期间，西班牙人几乎占领了南美所有的土地，并在那里建立了殖民地统治。他们还占领了现在的美洲中部，加勒比海地区和菲律宾。至于葡萄牙人，他们则占领了巴西和非洲的大片土地，还有印度以及远东地区。就这样，西班牙人和葡萄牙人垄断了香料贸易，香料在欧洲市场需要量很大。

这些囚犯将前往美国，他们被欧洲人买下，并作为奴隶在殖民地进行转售

公元 16、17 世纪
西班牙人在南美进行殖民统治

1532 年
葡萄牙人开始对巴西进行殖民统治

1400　　　　　1450　　　　1492 1500　　　　　1550

他们同时也在美洲殖民地获取了大量的金银。然而，渐渐地，英国、法国和荷兰也开始建立了他们的海外殖民地。

黑奴和奴隶制

为了从矿井中获取黄金或在种植园中开展农作物种植，欧洲人采用了奴隶制。尽管教会严厉禁止在欧洲进行奴隶贸易，但是阿拉伯人却常常在非洲或者在他们停泊在地中海的船只上抓捕囚犯。欧洲人则利用奴隶贸易从中牟利，他们用欧洲的新奇商品换取非洲的黑奴，然后将他们卖到美洲。并利用奴隶贸易所得购买大量的糖和咖啡等异国产品，并转向欧洲市场出售。这被称为欧洲、非洲和美洲之间的"三角贸易"。

奴隶贸易带动了很多欧洲城市的发展，如利物浦、南特或波尔多。同时，被他们掠夺来的数百万黑奴，男人和女人都有，与美洲的印第安人融合在一起。这也就是为什么今天在美洲大陆上有很多黑人或混血人。

传教士

欧洲人将基督教信仰带到他们的殖民地。许多传教士，即天主教和新教教会的使节，前往美洲、非洲和亚洲，在那里他们建立了教堂、学校还有医院并帮助当地人。他们的生活艰难并且危险，他们经常死于疾病，有时甚至被他们想要传播福音的人杀死。

公元 18 世纪
在欧洲、非洲和美洲之间进行的
"三角贸易"

| 1650 | 1700 | 1750 | 1789 | 1800 |

美国的诞生

一个新世界

　　早在公元16世纪,英国人就开始了对北美东海岸的探索。17世纪开始,他们建立了弗吉尼亚州、北卡罗来纳州、南卡罗来纳州、马里兰州还有佐治亚州等地的殖民地。1620年,清教徒搭乘"五月花"号逃离英国,他们随后定居在了一个名为新英格兰的地区,他们在那里建立了名为马萨诸塞州、罗德岛等的殖民地。到了公元18世纪中叶,英国人一共在北美大西洋沿岸建立了13个殖民地。在这块土地上的每一个地方,人们都想建立一个新的世界,为此,他们充分利用自己的优势。他们非常重视私有财产和工作,对于他们来说,如果每个人都可以充分利用每一小块土地,或在上面开展贸易,或在上面成立工作作坊,并将他们的工作成果与他人的工作成果平等地、和平地交换,那么这个新世界将比旧世界更加富裕,也更加公平。在政治层面上,从英国革命的经验中,很多人开始反对君主专制制度,并希望他们可以自我领导。

美国殖民地人民伪装起来,
向海上倾倒所有的茶叶以示抗议

公元 16 世纪
英国人对北美东海岸的探索

1400　　　　1450　　　　1492 1500　　　　1550

美国独立战争

当英格兰想要继续向北美增加税收时，遭到殖民地人民激烈的反抗。1773 年，"波士顿倾茶事件"是这场战争的导火索，殖民地人民伪装成印第安人，登上了停泊在波斯顿港口的英国商船，并将他们的茶叶全部倒入大海，以对抗英国人颁布的《茶税法》。

1776 年 7 月 4 日，殖民地人民的代表们集结在费城召开会议，并宣称他们要求殖民地实行自治，独立于英格兰。如今，宣布《美国独立宣言》这一天已成为美国的国庆节。英国人想要镇压这场反抗。于是，一场持续了 8 年的战争爆发了。美国人任命乔治·华盛顿为将军领导他们，同时也得到了法国国王路易十六派遣的法国军队的帮忙。事实上，法国想对刚刚占领加拿大和印度的英国人进行报复。1781 年，约克镇战役标志着法美军队的胜利。

美国宪法

1787 年，美国人通过了一部宪法，也就是一部制定了美国国家运行的根本方针和主要原则的文本。通过这一法案，确定了美国是一个总统制民主共和国，实行三权分立与权力制衡的原则，同时强调人民主权。国家实行联邦制，这意味着每个殖民地都将自治，但是在国防、贸易和财政方面则由中央政府负责。

这部宪法对于两年后的 1789 年法国大革命产生了极大的影响。

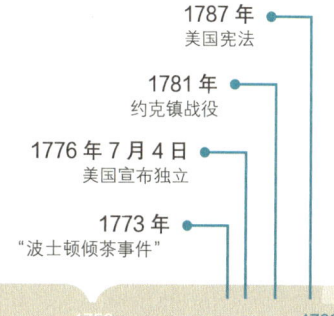

公元 17 世纪
英国人建立了殖民地

1620 年
清教徒搭乘"五月花"号逃离英格兰

1787 年
美国宪法

1781 年
约克镇战役

1776 年 7 月 4 日
美国宣布独立

1773 年
"波士顿倾茶事件"

1650　　1700　　1750　　1789　　1800

近代文明

非洲

一个拥有多种景致的广阔大陆

    非洲大陆面积广阔，直到公元 19 世纪末期，欧洲人才发现了这块大陆。北部地区干燥炎热，这里有像撒哈拉沙漠这样的广阔沙漠。中部炎热多雨，被巨大的热带雨林覆盖。北部到中部之间覆盖着热带草原，是大象、长颈鹿、狮子和羚羊居住和生活的地方。在南部地区，属于温带气候，适合农业和畜牧业的发展。众多河流穿过非洲大陆，像塞内加尔河、尼日尔河、刚果河、尼罗河、赞比西河或奥兰治河。

    很长一段时间以来，非洲的很大一部分人口都是以部落形式生活在一起的，他们的社会中没有国家，人们是简单地通过亲属关系或拥有共同的信仰而聚集起来的。但是，非洲大陆的其他许多地方都已经出现了国家。

    一些人一直从事狩猎和采摘的工作，如非洲南部的萨恩人或非洲中部的俾格米人；其他人则从事养殖业和农业，如萨赫勒地区的富拉尼人。

王国和帝国

    发展出了强大国家的许多非洲社会里，都是因为有一个强有力的国王，他控制着大片的土地。在西非，加纳帝国、马里帝国、松海帝国或贝宁帝国是这些国家中最引人注目和最有组织的。在非洲的中心，尼日尔的河岸，诞生了廷巴克图市，在 1820 年欧洲人首次到访该城市时，该地居民已经超过了 10 万人，房屋数量和居民数

公元 8 世纪
撒哈拉以南的非洲人逐渐皈依穆斯林教

1400   1450   1492 1500   1550

量几乎一样多。宏伟壮观的清真寺和宫殿遍布在这座城市里，这座城市也因尼日尔河域上游发展的黄金贸易而富有。从廷巴克图出发，商人的大篷车一路向北，穿过沙漠，驶向地中海沿岸，货物从这里运到欧洲。作为交换，他们带回了其他的商品，如盐和布，他们把这些商品带回到廷巴克图和热带非洲。

非洲人的信仰

多亏了身兼乐师、巫师及诗人的讲故事者，许多古老的故事在今天才可以浮现在人们面前。这些讲故事者用心学习这些历史，因为很长一段时间，非洲的文字一直不为人所知。巫师在村里是重要的人物，他们被认为拥有魔法，可以为人们治愈疾病或作法求雨，这在非洲大陆的某些地方非常罕见。

非洲人同时也相信精神世界，所以他们认为万物皆是有灵性的（来自拉丁语，意为"精神"）。为了代表灵魂，他们在宗教仪式期间佩戴着华丽的面具。

但是，从公元8世纪起，许多来自撒哈拉南部的非洲人在阿拉伯商人的影响下皈依了穆斯林教。

1650　　　　1700　　　　1750　　　　1789

印度

雅利安人和印度教

从公元前 3000 年到公元前 1700 年，印度西北部发展起来了一种文明，今天几乎依旧不为人所知。我们把这种文明称为"印度河流域文明"，用河流的名称命名，该河拥有众多支流，发源于喜马拉雅山脉。

公元前 1500 年左右，雅利安人定居在印度。他们在《吠陀经》经典教义的基础上建立了印度教。他们的三大主神分别是梵天、湿婆和毗湿奴。雅利安人相信生死轮回，他们认为人类灵魂永存和万物有灵。生命不是以生为始，以死告终，而是无穷无尽一系列生命之中的一个环节。恶行则可以令人坠为植物或者牲畜，善行最终会从生死轮回中升入天堂。

印度教的祭司是婆罗门，他们为国王加冕，同时也是哲学家和数学家。多亏了他们发明了十进制数字系统，更加方便计算。他们又把这种先进的数字系统传给阿拉伯人，由阿拉伯人传入西方。

佛教与伊斯兰教

在公元前 6 世纪，一位名为乔达摩·悉达多的印度先知创建了一种新的宗教，这个宗教就是佛教，并传播到了整个亚洲。三个世纪以后，印度国王阿育王对他在战争中所犯下的杀戮深表悔恨，于是他皈依了佛教，同时希望在他的国家里建立和平与公正。他严禁杀生动物，严禁对人民实施酷刑，他成为了一名素食主义者，以便与动物和平相处。

大约在公元 1000 年，土耳其和蒙古的入侵者从北部南下，到达了印度。同时，他们把他们的宗教信仰穆斯林教也带入了印度，并且影响了一部分印度人的宗教信仰，使他们皈依了穆斯林教。就这样，莫卧儿帝国统治了

公元前 6 世纪
乔达摩·悉达多创建了
佛教

公元 1000 年左右
莫卧儿帝国

1400　　　　　1450　　　　　1492 1500　　　　　1550

印度，一直到 17 世纪英国人入侵才结束了对印度的统治。一位名为沙·贾汗的统治者在其统治期间，修建了精美绝伦的泰姬陵。

位于印度阿格拉的泰姬陵是一座由莫卧儿皇帝沙·贾汗为其已故妻子建造的陵墓

"世界工厂"

从 16 世纪到 18 世纪，印度成为了世界上最好的面料制造商。他们的面料销往欧洲和非洲，特别是，当时他们可以织出印花布，这是一种特别坚固的棉布；他们还能织出细棉布，用于制作精美的衬衫。马德拉斯布和平纹细布是其中两种上等的细布面料，其颜色鲜艳、跳动、闪闪发光，这种面料在世界上其他任何地区都无法制作出来。

1619 年
英国人侵占了印度

中国

分裂与统一交替发生

中国人的权力观与欧洲人不同。对于中国人来说，如果一个人在某个时刻得到了"天命"，这个人就应该成为皇帝，建立一个王朝，统治这个王朝，并竭尽全力将这个王朝发扬光大。然而，如果王朝势力被削弱，天命就从皇帝手中撤回。国家就又分裂成一个个小国，这些小国之间互相对抗，争夺权力。直到有一天，一位有勇有谋的领导者打败众敌，统一了所有小国，并声称他得到了"天命"。就这样，统一与分裂不停地交替发生，推动着历史的发展。

一个井然有序、无懈可击的国家

当欧洲仍被领主统治，世界上的其他地方仍生活在部落里的时候，中国人早已经建立起了一个现代化国家。在全国各地，由地方官员负责依法执法。要想成为官员，必须要通过科举考试，这个考试虽然很难，但是面向所有社会阶层开放。这种选举官员的制度震惊到了早期到达中国的欧洲探险家，因为那个时候，在欧洲，出身决定了一切。

来自塞北游牧部落联盟在不同时期的袭击和入侵，严重威胁了中原地区的和平，于是当时的统治者下令修筑长城。长城是一道高大、坚固而连绵不断的长垣，同大量的城、障、亭、标相结合，并由士兵驻军守卫的一种防御体系。最初，长城用泥土，后来改

站在长城上，守军们时刻监视着是否有入侵者袭击

公元 13 世纪
蒙古人统一了中国

1400　　　　1450　　　　1492　1500　　　　　1550

用石头修葺。

从公元前 3 世纪到公元 17 世纪，长城的修建工作不断地得到改善。经过长达 20 多个世纪的断断续续的修建及维护工作，历代长城总长度超过 6700 公里，高 6 米到 7 米，宽约 4 米，这是人类有史以来最大的工程。尽管建立了这个防御体系，在公元 13 世纪，蒙古人还是在忽必烈的带领下成功地统一了中国，征服了中国所属的庞大帝国。

先进的技术

起初，中国人民并没有掌握治理洪水的技能，人民一直是黄河洪水泛滥的受害者。从公元 7 世纪开始，北京和杭州之间挖掘了一条大运河，并加固堤防作为整个运河网络的补充。因此，中国的农民不仅不再担心因为洪水泛滥而引发的灾害，还掌握了灌溉技术，这使得他们可以开展水稻种植。中国人同时也是许多伟大发明的创造者，这些发明，如指南针、造纸术、火药、方向舵、印刷术、瓷器和织布机，后来被传到了欧洲。

1644 年
明朝（1368—1644）末年

1650   1700   1750   1789   1900

近代文明

日本

深受中国文化的影响

日本是一个发展了灿烂文化的国家。它位于亚洲大陆以东，由四个大岛组成，与众多小岛屿相邻。

日本很早就深受中国文化的影响，日本学习了中国的儒家思想和从印度传到中国的佛教。同时，日本还保留了自己的宗教，就是神道教，这是一种基于对自然的力量，对山脉，对泉水，对河流，对树木和对石头的自然崇拜的宗教。

日本希望建立一个像中国一样强大并且有秩序的国家。日本帝国的首都建在京都，这里的建筑规划特别像北京——皇宫建在中心，街道都是方方正正的。但是在日本从来没有建立过一个像中国科举考试筛选出来的官员而组成的牢固的集中管理体系。因此，长期以来，日本一直被分裂成几个几乎独立的公国，他们之间经常爆发战争。从公元 12 世纪开始，日本天皇的很大一部分权力渐渐旁落，落到了幕府将军的手里。公元 17 世纪开始，日本完全实施了闭关锁国的政策，只对中国还维持着一些联系。

日本武士

战争如此频繁，因此被誉为"日本骑士"的日本武士在日本社会中就发挥着至关重要的作用。从他们穿着的铁甲和两把佩刀可以辨别出来他们的武士身份，两把佩刀，一长一短。他们单独居住，不同任何人住在一起。他们深受武士道精神的影响，是武士阶层的道德规范和准则，这个词源于日语，意思是"战士"和"道路"。

这种武士道精神强调了对领主和家族的绝对忠诚，对奔赴战场的勇气，对于牺牲的无畏以及对痛苦和死亡的蔑视。对于武士来说，没有什么比丧失荣誉更糟糕的事情了。这就是为什么，当他们丧失荣誉的时候，有的时候，

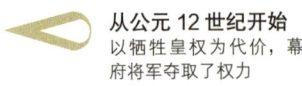

从公元 12 世纪开始
以牺牲皇权为代价，幕府将军夺取了权力

日本花园是精致的地方，在花园里，人们可以感受到宁静

他们会选择用切腹的手段自杀，就是把刀插入自己的腹部。

日本人的生活艺术

日本人享有非常精致的文化。他们的文字最初由汉字组成，后来他们创建了日语字母"假名"，这种表音文字指定了音节。因此，日本的文学和诗歌可以在之后蓬勃发展起来。

在日本最受欢迎的文学作品中，短歌是其中一种诗歌，由31个音节组成；俳句是更短的一种诗歌，由17个音节组成。

日本人还发展了园林艺术，日本园林涵盖了小型户外自然景观，里面有盆景和小树。

他们还设计了仅用石头和沙子组成的花园。这种"石花园"中的每个元素都代表了宗教原则：一块高高的石头象征着世界的中心轴线，圆形石头代表了公正的天堂，沙子代表了佛教徒的涅槃，也就是他们死后灵魂的最终去处。

日本人还从事了许多其他形式的艺术创作，例如用毛笔勾勒出的风景画或人物画。

1639 年
日本实行闭关锁国政策

1650　　　　1700　　　　1750　　　1789　1800

法国大革命

革命前夕

1789 年 5 月，由于法国出现经济危机，国库入不敷出，财政赤字严重，于是国王路易十六召开了"三级会议"，征收新的赋税。为了召开此次会议，来自法国全国各地三个等级的代表：神职人员、贵族和平民们举行联席会议，商讨起草《陈情书》，表达他们的意愿、不满和愿望，并希望通过"三级会议"提交给国王。《陈情书》中最主要的议题就是减少赋税和取消贵族特权。然而，三个等级的代表在这个问题上产生分歧，无法达成统一，于是他们陷入僵局。国王路易十六决定休会。"三级会议"随后宣称自己为"国民制宪议会"，并为法国制定了一个宪法，就像 1787 年美国刚刚宣布的《美利坚合众国宪法》那样。

1789 年 7 月 14 日，巴黎人民攻陷了巴士底监狱，矛盾冲突加剧。8 月 4 日，国民制宪议会投票决议废除贵族和神职人员的特权。8 月 26 日，国民制宪议会颁布了《人权和公民权宣言》（简称《人权宣言》），宣布人生来自由和权利平等，国家不能剥夺他们的人身自由和财产自由，法律是所有公民意志的表达。法国没有成为一个像美国那样的共和制国家，而是像英国一样成为了一个限制国王权力的君主立宪制国家。

攻陷巴士底监狱是法国大革命的标志性事件之一。发生在 1789 年 7 月 14 日，这一天后来也成为了法国的国庆日

1789 年 5 月
国王路易十六召开"三级会议"

1789 年 7 月 14 日
巴黎人民攻陷巴士底监狱

1789 年 8 月 4 日
国民制宪议会投票决议废除贵族和神职人员的特权

1789 年 8 月 26 日
国民制宪议会颁布了《人权和公民权宣言》（简称《人权宣言》）

1792 年 9 月 20 日
法国军队在瓦尔米战役中取得了胜利

1793 年 1 月 21 日
路易十六被送上断头台

1793 年至 1794 年
恐怖时代

1795 年至 1799 年
督政府统治

1750   1789   1800   1850

君主立宪制到雅各宾专政

然而，一些逃到德国和奥地利的贵族成立联军攻打法国，企图恢复法国的君主专制和贵族特权。我们称他们为"流亡贵族"。国王路易十六在1791年6月20和21日企图逃到国外，但是在瓦雷内被认出。路易十六逃亡的失败使他彻底失去了民心。部分革命者要求废除王政，实行共和制。他们决定通过暴力夺取政权。1792年8月10日，他们策动暴乱，攻占了国王居住的杜伊勒里宫，杀死了600名守兵，把国王路易十六关押在巴黎监狱，立法议会解散。

紧接着召开了选举，只有少数选民参加，武装革命者阻止公民按照自己的意愿投票。因此由此次选举中产生的新议会"国民公会"并不能代表法国人民，只是少数革命者，实质上对广大民众实行的是独裁统治。渐渐地，革命者出现了很多反对势力：神职人员，因为他们的土地被没收了；贵族，因为他们的特权受到了威胁；还有很多民众担心他们的财产和生命安全。在支持"君主立宪制"的邻国帮助下，这三种阶级希望可以拿起武器，反对国民公会。欧洲各国成立反法同盟对法国进行武装干涉。在经历了多次失败后，年轻的革命军在9月20日的瓦尔米战役打败外国联军。这让所有人感到惊讶，因为这支革命军缺乏经验，人数又不足。这场胜利似乎特别重要，因为第二天就宣布成立了法兰西共和国。

很快，最激进的革命者山岳派掌权并判处路易十六以死刑，在1793年1月21日，路易十六被送上断头台。任何被怀疑是保王党的人同样被判处死刑。这个时期被称为"恐怖时代"。法国的许多地区都联合起来共同反对新政府的统治，像普罗旺斯、法国西南地区、布列塔尼、诺曼底，特别是旺代省。但是这些反抗都在鲜血中被镇压了。最后，山岳派的首领罗伯斯庇尔被逮捕并被送到断头台。1795年，"恐怖时代"结束，法国转由督政府统治，这是一个更温和的政权。

拿破仑（一）

一位出色的官员

拿破仑·波拿巴在1769年出生在科西嘉岛。在国王统治时期，他在一所军校学习。他20岁的时候，爆发了法国大革命，他支持革命派，投身到革命中。在他24岁的时候，他成为了一名将军，他在意大利指挥法国军队对抗奥地利，他的军事天赋使得他打了很多胜仗。比如，拿破仑率领部队强攻阿科拉桥。因此，拿破仑的威信越来越高，于是他打算远征埃及，以切断从印度到英国的路线。借此机会，他还带了许多学者，利用这个场合和机会研究古埃及文化。

拿破仑在埃及金字塔战役期间

第一执政官

拿破仑的威信越来越高，当他返回巴黎的时候，在他的军队的支持下，他推翻了督政府。通过雾月十八日政变，即"雾月政变"（这是革命者从

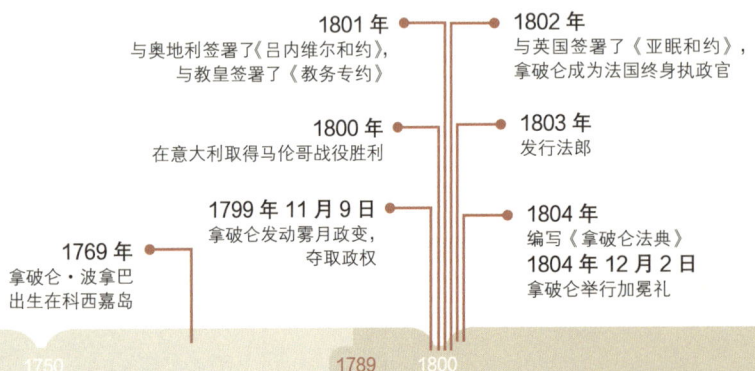

1801 年
与奥地利签署了《吕内维尔和约》，
与教皇签署了《教务专约》

1802 年
与英国签署了《亚眠和约》，
拿破仑成为法国终身执政官

1800 年
在意大利取得马伦哥战役胜利

1803 年
发行法郎

1799 年 11 月 9 日
拿破仑发动雾月政变，
夺取政权

1804 年
编写《拿破仑法典》
1804 年 12 月 2 日
拿破仑举行加冕礼

1769 年
拿破仑·波拿巴
出生在科西嘉岛

1750   1789 1800   1850

开始建立共和国政权的年份算起而得出的，相当于 1799 年 11 月 9 日），拿破仑建立了一个新的政权——执政府。这个政权由执政统治，跟罗马一样。原本应该有三名执政官，但是拿破仑·波拿巴将自己任命为"第一执政"，实际为独裁者。紧接着，他又投身到战争中，他在意大利取得了新的大捷，其中最辉煌的战役之一就是发生在 1800 年 6 月 14 日的马伦哥大捷。战败国必须签署和平协议：奥地利在 1801 年 2 月签署了《吕内维尔和约》，英国在 1802 年 3 月签署了《亚眠条约》。在经历了长达 10 年不间断的战争之后，欧洲终于恢复了平静，重建了和平。

拿破仑·波拿巴还重建了法国内部的社会秩序。首先，他结束了自法国大革命开始以来对教会进行的所有迫害。在 1801 年与教皇签署了《教务专约》，恢复了天主教会在法国的合法地位。1802 年，他颁布了一项大赦，即允许贵族自由返回法国。1803 年，他发行了一种新的更稳固的货币——法郎。1804 年，他颁布了一部"民法典"，名为《拿破仑法典》，保障了个人自由，法律面前人人平等以及财产权。拿破仑·波拿巴还重视教育，他重建中学（称为"高中"）、法学院、医学院和大学，如巴黎综合理工学院和巴黎高等师范学院。

法兰西帝国

当法国人民对他的政策赞许有加时，波拿巴认为他可以加强自己的权力。1802 年，他获得了"终身执政官"的称号，紧接着，1804 年，他通过公民投票（今天看起来像是"公投"）宣称自己是"法兰西皇帝"。他称自己为"拿破仑一世"，他邀请教皇庇护七世前往巴黎，以教会的名义为他加冕，就像自查理曼国王以来法国的所有国王都举行加冕仪式一样。加冕仪式于 1804 年 12 月 2 日在巴黎圣母院大教堂举行。然而，为了证明他是被合法授予"皇帝"头衔的，拿破仑从教皇手中接过王冠，自己将王冠戴在头上。这位新登基的国王想要建立法国国王的第四个王朝，而且，他梦想着自己可以像查理曼大帝一样统治整个欧洲。

拿破仑（二）

欧洲再次陷入战争

由于惧怕法国的国力越来越强大，英国在 1803 年撕毁了《亚眠条约》，并再次对法国宣战，与拿破仑展开了战争。很快其他国家与英国结盟，组成了反法同盟。拿破仑不得不重新集结军队，并加强军队的作战能力。他组建了一支大军团，这是一支由最英勇的士兵集成的精锐部队，也叫帝国卫队。

起初，局势对法国很不利。法国在 1805 年 10 月 21 日的特拉法加海战中几乎损失了所有的海上舰队。指挥这场海战获胜的是英国海军中将纳尔逊，他也在战斗中阵亡了。几个月以后，也就是 1805 年 12 月 2 日，拿破仑取得了对俄罗斯－奥地利联军的决定性胜利，即奥斯特利茨战役，位于今捷克境内，这也是法国历史上最著名的胜战之一。

拿破仑主宰整个欧洲

法国取得了一系列胜利以后，比利时、荷兰、意大利北部和德国西部都相继归属于法国统治，一共加起来有 130 个省。在这些地区，拿破仑为他的家庭成员进行了分封，为他们封王，他同时还身兼莱茵邦联的"保护者"，这个邦联包括了德国的几个州。拿破仑几乎统领了整个欧洲。像过去的法国国王一样，拿破仑也住在宫廷里，像杜伊勒里宫、圣克卢宫或枫丹白露宫，在这里他们可以举办奢华的聚会。他还建立了新的荣衔制度，奖励那些为国家奉献，对国家有功的人民，并授予他们"法国荣誉军团勋章"。

在拿破仑的统治下，法国迅速地实现了现代化。拿破仑发展了工业，

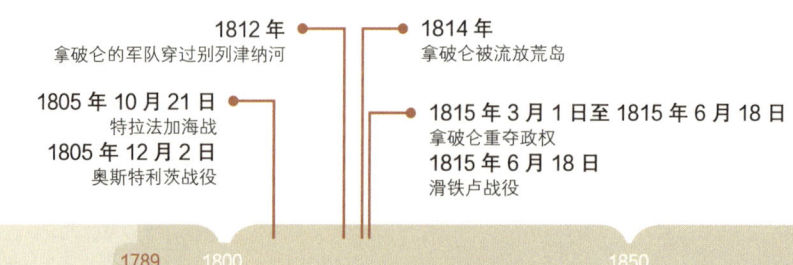

1812 年
拿破仑的军队穿过别列津纳河

1814 年
拿破仑被流放荒岛

1805 年 10 月 21 日
特拉法加海战
1805 年 12 月 2 日
奥斯特利茨战役

1815 年 3 月 1 日至 1815 年 6 月 18 日
拿破仑重夺政权
1815 年 6 月 18 日
滑铁卢战役

1750　　　　　1789　1800　　　　　　　1850

开通了运河，建造了港口，修建了公路，还清理了沼泽，给沼泽排水，为农业生产获得了更多的耕地。

拿破仑的倒台

拿破仑是独裁专制的。他任命约瑟夫·富歇为警政部长，负责一切事务。舆论媒体也不能自由发表言论，只能发表一些利于皇帝的言论。此外，欧洲人民也无法忍受法国的统治。

1812 年，拿破仑决定攻打俄罗斯。他占领了莫斯科，这里居民都撤离了。然而，俄军却放火烧城，使得法军不得不撤退。就在此时，俄罗斯的骑兵从藏身处冲出来，追赶法国的大军。这时正好赶上俄罗斯寒冷的冬天，在匆忙中，法国被迫穿过别列津纳河，这条河已经结冰了，成千上万的法国士兵被冻死了。

奥地利和普鲁士利用这突如其来的时机再次与法国作战，反对拿破仑，这一次，法军溃败。拿破仑被迫在 1814 年离开法国，被流放到厄尔巴岛。在巴黎，路易十六的兄弟路易十八重返巴黎，成为法国国王。没过多久，拿破仑于 1815 年再次夺得政权，并统治了 100 天……直到滑铁卢战役，也就是 1815 年 6 月 18 日，他彻底被欧洲国家组成的反法同盟军打败。拿破仑的时代宣告结束了。

拿破仑，从莫斯科撤退期间
_____

工业革命和 19 世纪的法国

工业革命及其影响

1769 年，苏格兰人詹姆斯·瓦特发明了第一台通过烧煤加热水而获得蒸汽，并利用蒸汽加热的动力发动机器。

很快，无论在何处，只要地下有煤，煤矿就在哪里发展起来。很快，人民建造了大型的工厂，安置织布机。纺织工业和冶金业也迅速地发展起来，生产出来的铁再用于制造机器。就这样，欧洲地区，能找到煤和铁的地方都建造了工厂，如法国北部和东部或德国的鲁尔区。很快，大城

詹姆斯·瓦特在公元 18 世纪发明了蒸汽机

1769 年
第一台蒸汽机的发明

1815 年至 1824 年
波旁王朝复辟

1824 年至 1830 年
查理十世的统治

1830 年至 1848 年
路易－菲利普一世的统治

1848 年至 1852 年
法兰西第二共和国

1852 年至 1870 年
法兰西第二帝国

1870 年 9 月 4 日
宣布成立法兰西第三共和国

1871 年
《法兰克福条约》

1875 年
法国投票确定新宪法

1750   1789   1800   1850

市就出现了。欧洲也越来越富裕，人口也越来越多。

在公元 19 世纪，巴黎及其郊区人口增加了三倍，伦敦的人口增加了四倍，而柏林的人口增加了近十倍。城市周围发展了最早的郊区。人口的剧增使得 3000 万欧洲人不得不移民到美国、南美洲、澳大利亚和新西兰。

法国王朝复辟到法兰西第二帝国的建立

稳定的政治体制帮助法国实现了现代化。路易十八在 1815 年至 1824 年间统治了法国。这一时期被称为"波旁王朝复辟"：恢复了法国的君主制，同时保护了法国大革命的胜利果实。然而，路易十八的继承者查理十世对此置之不理，企图恢复到法国大革命以前的君主专制制度。1830 年，查理十世的统治被推翻。他的堂弟路易－菲利普继承了王位，建立了七月王朝。在首相弗朗索瓦·基佐的辅助下，他实现了法国的现代化。

但是，一些法国民众不希望继续在国王的领导下，在 1848 年爆发了一场暴力革命，建立了法兰西第二共和国。第二共和国确定了男性公民的普选权，允许每个男性公民都可以投票，同时废除了殖民地的奴隶制度。路易－拿破仑·波拿巴是拿破仑一世的侄子，在 1851 年当选为总统。在他进行政变成功以后，他以拿破仑三世的名义称帝。他以独裁专制的方式统治着法国，指挥法国参与许多战争。然而，法国的现代化仍在继续：工业发达，铁路的发展使得法国的许多城市相互连接。

1870 年，拿破仑三世向普鲁士宣战。9 月 2 日，法国在色当会战中被击败。9 月 4 日，成立了法兰西第三共和国，法兰西第二帝国覆亡。战争仍然继续，但法国无法击退德国。1871 年，为了得到和平，结束战争，德国和法国签署了《法兰克福条约》，法国失去了阿尔萨斯省和洛林省两个地区。1875 年，法国通过了新宪法。1879 年，《马赛曲》成为法国国歌，"自由，平等，博爱"成为法兰西共和国的座右铭。1881 年和 1882 年，法国总理茹费理建立了免费、世俗的强迫性小学教育。1905 年，法国实施政教分离。通过这条法律，宗教信仰成为了个人意愿。

1881 年至 1882 年
建立了免费、世俗的强迫性小学教育

1905 年
政教分离政策

1950   2000   2050

公元 19 世纪的英格兰和爱尔兰

英国——一个现代化的国家

工业革命彻底地改变了英国。纺织业和冶金业迅速地发展起来，很多像伯明翰、曼彻斯特或利物浦等这样的大城市也迅速地发展起来。在 19 世纪中叶，英国是世界上领先的经济大国。英国民众比以前拥有了更多的权利。越来越多的公民参加议会选举，议会制度由政府负责。1884 年，选举权几乎普遍存在。此外，英国在 19 世纪有一个稳定的政权领导，维多利亚女王从 1837 年到 1901 年统治英国，所以我们说"维多利亚时代"来指这个时期。

大英帝国

英国通过不断扩张海外殖民帝国，扩大了其在全世界范围内的权力。英国的海军成为了海上霸主。公元 18 世纪，加拿大和印度成为英国的殖民

铁路的发展加快了各大城市的连接，就像这条铁路一样，连接了利物浦和曼彻斯特这两座城市

公元 19 世纪
英国和苏格兰移民在阿尔斯特定居

1846 年至 1848 年
爱尔兰的大饥荒

1837 年至 1901 年
维多利亚女王的统治时期

1884 年
在英国，选举权几乎普遍存在

1750　　　　1789　　1800　　　　　　　　1850

地，到了公元 19 世纪，英国进一步扩大了在印度的殖民地，当时的殖民地包括了现在的印度、巴基斯坦、孟加拉国的所有领土，以及斯里兰卡和缅甸。1842 年，在一场对中国的战争中，英国又占领了中国香港。英国还占领了新加坡、马来西亚，并把这两个国家作为殖民地大城市进行发展管理。在南非，他们加强了对荷兰殖民地的统治，与布尔人在 1899 年至 1902 年爆发了战争，并占领了非洲其他很多国家：罗得西亚、尼日利亚、肯尼亚、乌干达、坦噶尼喀、苏丹和埃及。他们在美洲中部和南美洲也有殖民地，占领了海洋上的众多岛屿，如南大西洋的圣赫勒拿岛——这里是拿破仑被流放的地方，阿根廷的马尔维纳斯群岛、巴哈马……他们的贸易无处不在，因此像阿根廷这样的国家受英国生活方式的影响很大，几乎是帝国的一部分。当时，大英帝国经常说太阳从来没有在英国降落过，因为当夜幕降临在帝国的这一边时，在地球的另一边，太阳正在升起。

爱尔兰问题

爱尔兰自中世纪以来一直被英国统治着。与非洲或亚洲国家一样，爱尔兰也一直被视为英国的殖民地。在英国内战期间，爱尔兰爆发了一场叛乱，但是在 1649 年被清教徒克伦威尔残忍镇压了，并屠杀了很多爱尔兰天主教徒。这两个国家也因此埋下了仇恨的种子。英国和苏格兰殖民者来到了爱尔兰岛屿的东北部，在一个叫作阿尔斯特的地区定居下来。因此，许多爱尔兰本地人被赶出了自己的土地，不得不在岛上的其他地方定居。他们非常贫穷，在 1846 年至 1848 年间，他们之中有 100 万人死于"大饥荒"。还有 200 万爱尔兰人被迫前往美国，他们在那里建立了一个非常重要的群体。还有一部分爱尔兰人反对英国的殖民统治。经过长期的斗争，他们终于在 1921 年取得了独立，但是直到今天阿尔斯特省仍是英国的领土。

1921 年
南爱尔兰独立

1950   2000   2050

公元 19 世纪的德国和意大利

分裂的国家

自罗马帝国灭亡以来，意大利一直没有完成统一。19 世纪初，意大利仍被分为由罗马教皇统治的那不勒斯王国、托斯卡纳、帕尔马和莫德纳，由奥地利人统治的伦巴第 – 威尼西亚王国，还有皮埃蒙特撒丁岛王国。德国也是分裂的。自公元 13 世纪以来，德国有数百个州，其中一些州的大小仅限于一个城市。随着时间的推移，州的数量减少到了 39 个，"德意志关税同盟"允许贸易无国界。许多思想家、作家和政治家此时梦想着在一个统一的国家里统一德意志民族，就像欧洲其他伟大的邻国如法国或英国那样。

意大利的统一

意大利人说着相同的语言，拥有着相同的文化。但是，苦于一直没有完成统一，他们不仅不能保护自己免受外国入侵，更不能像英国或法国那样发展自己的工业。革命家朱塞佩·马志尼想要建立意大利

数千人穿着"红色衬衫"，在朱塞佩·加里波第领导下开始夺回那不勒斯

1866 年
普鲁士在萨多瓦击败奥地利，威尼斯加入了意大利王国

1870 年
罗马加入了意大利王国

1861 年
意大利王国诞生

1871 年
德意志帝国诞生

1848 年
革命在德国的几个城市爆发了

1750   1789   1800   1850

共和国，其他人则希望在国王维托里奥·埃马努埃莱二世和首相凯沃尔领导下统一撒丁王国，这其中包括朱塞佩·加里波第。

朱塞佩·加里波第全身心地投入到了夺回那不勒斯王国的战争中，只有 1000 人追随他，参加到其中。他们身穿红色衬衫，手中挥舞着由绿色、白色和红色三种颜色组成的未来的意大利国旗，顽强地作战，并取得了战争的胜利。就这样，一个伟大的意大利王国于 1861 年诞生了。1866 年，威尼斯加入了意大利王国，然后 1870 年罗马也加入了意大利王国。就这样，意大利国家完成了统一。意大利人把这场变革叫作"意大利的统一"。

德意志的统一

1848 年，一场革命在德国的几个城市爆发了，最终导致在法兰克福召开了国民议会，并授予普鲁士国王腓特烈·威廉四世"德国皇帝"头衔。

由于担心邻国奥地利军事干预，腓特烈·威廉四世拒绝了这个提议。于是德意志统一被推迟了。德国当时正处于全面工业革命中，工厂和铁路遍布整个土地。

一位大胆的普鲁士首相奥托·冯·俾斯麦毅然决然地对奥地利宣战，由于普鲁士部队乘坐火车从而快速调动，奥地利最终于 1866 年在萨多瓦战败。1870 年至 1871 年间，俾斯麦还赢得了由拿破仑三世发起的对法国的战争，他的威望让他创造了一个德意志帝国，并由威廉·腓特烈·路德维希就任德意志帝国的第一任皇帝。

1871 年，威廉一世皇帝在俾斯麦将军（穿着白色制服）的陪同下宣布成立德意志帝国

当代文明

公元 19 世纪的新中欧国家

从奥地利帝国到奥匈帝国

奥地利是一个强大的帝国,也是一个拥有众多民族的国家。除德国人外,还有匈牙利人、斯拉夫人、罗马尼亚人和意大利人。所以,在奥地利这个国家实现统一是很难的,因为每个人都渴望建立自己的国家。1848 年,在欧洲和奥地利帝国爆发了一系列革命:在波希米亚的首都布拉格,在匈牙利的首都布达佩斯和在奥地利皇帝弗朗茨·约瑟夫一世居住的维也纳。奥地利差点因此而灭国了。这位年轻的皇帝明白他必须为他的帝国进行现代化改造,才能保住他的帝国。于是他提议将奥地利和匈牙利分开,实行双重君主制,以便匈牙利不再受到德国的统治。1868 年,弗朗茨·约瑟夫在布达佩斯人民的欢呼声中成为了匈牙利国王。然而,奥匈帝国的其他人却并不满意……

欧洲之都——维也纳

维也纳是一座极其辉煌的城市,在公元 19 世纪末,被誉为欧洲的"文

公元 19 世纪的维也纳市

1861 年
亚历山大二世废除了农奴制

1855 年
亚历山大二世成为俄国的沙皇

1848 年
欧洲爆发了一系列革命

1868 年
弗朗茨·约瑟夫
成为匈牙利国王

1881 年
亚历山大二世被暗杀

1750　　1789　1800　　　1850

化之都"，特别是在艺术和科学方面享有非凡的成就。

作曲家安东宁·德沃夏克、约翰内斯·勃拉姆斯、约翰·施特劳斯和古斯塔夫·马勒举世闻名。古斯塔夫·克里姆特这样的画家以及像斯蒂芬·茨威格、罗伯特·穆齐尔或弗朗茨·卡夫卡这样的作家也同样在世界上享有盛名。据说维也纳当时被人们称作"新雅典"！

俄罗斯帝国

自从 1796 年叶卡捷琳娜二世去世以来，俄国一直由专制的沙皇独自统治。警察一直追捕知识分子和革命者。俄国仍旧像中世纪的国家那样，80% 的人口由农民组成，他们之中还有很多农奴，这些人不能离开他们工

作的村庄，不能离开米尔（沙俄时代农村中的村社组织）。他们都是文盲，一生都在为贵族耕种土地。只有少数的俄国人希望可以在俄国建立像西欧国家一样的君主立宪制国家，他们这些人被称为"西方人"。相反，"斯拉夫狂热者"，就是指那些钟情于农奴制度的人，他们企图回到中世纪时期的俄国。整个世纪里，这两个群体相互对立。直到 1855 年，一位新的沙皇亚历山大二世上台执政，他在 1861 年废除了"农奴制"，对行政和司法进行现代化改革。但是他在 1881 年遭遇暗杀。他的继任者同样地以独裁专制的方式进行统治，引起了民众的极大不满，并引发了 1917 年俄国革命。

公元 19 世纪的美国

新领域的先锋

1776 年，美国只有 13 个州，也就是 13 个前英国殖民地。美国通过购买其他国家殖民地的方法大力扩张领土，从法国手里买到路易斯安那州，从西班牙那里购买到佛罗里达州。1848 年，在美墨战争后，得克萨斯州、新墨西哥州、亚利桑那州和加利福尼亚州也归属于美国领土。1867 年，美国人从俄国手中购买了阿拉斯加。

美国的其他州都是由美国人自己创建的，这些人是向西部扩张的先驱者。他们中的大部分人都是贫穷的移民者，他们坐着四轮车在家人的陪伴下一路向西前行。为了更好地保护自己，几辆货车一起出发。当他们找到一片土地时，他们停下来，在那里定居下来，独立自由地生活在那里。当一个地区人口充足的时候，他们就在这里建立一个州，并归属到美国领土里。因此美国包括了肯塔基州、田纳西州、印第安纳州、密歇根州、密苏里州、阿肯色州……

通过西进运动，那些开拓者到达了太平洋和加利福尼亚州。1848 年，在加利福尼亚州他们发现了黄金，这引起了"淘金热潮"。事实上，在"淘金热潮"的驱使下，来自世界各地的很多冒险家都来到美洲大陆上，他们希望可以在这里碰到好运，发现黄金，暴富。这也促进了美国西部的处女地区得以迅速发展。

美国内战

在美国中部的大平原，土地肥沃。先驱者们在那里定居，并成为农场主，他们饲养牛，人们称他们为"美国牛仔"。但是他们定居的土地本来属于原

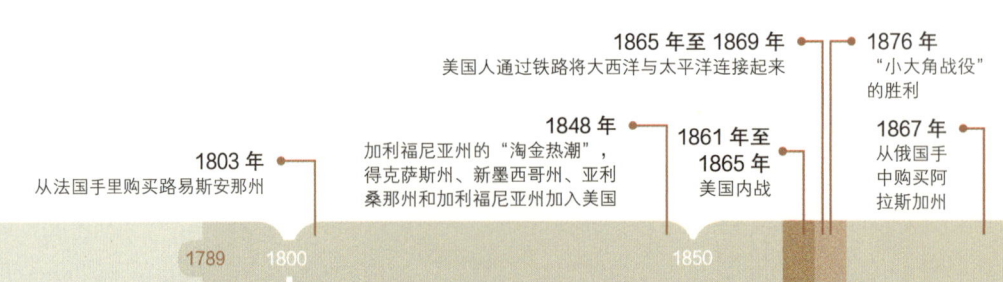

1865 年至 1869 年
美国人通过铁路将大西洋与太平洋连接起来

1876 年
"小大角战役"的胜利

1848 年
加利福尼亚州的"淘金热潮"，得克萨斯州、新墨西哥州、亚利桑那州和加利福尼亚州加入美国

1861 年至 1865 年
美国内战

1867 年
从俄国手中购买阿拉斯加州

1803 年
从法国手里购买路易斯安那州

1750　　1789　1800　　　　1850

"小大角战役"以苏族
领袖坐牛的胜利而结束

住民印第安人，这引发了他们之间的冲突。在 1876 年，苏族（印第安族）伟大的领袖坐牛赢得了与美国人作战的"小大角战役"的胜利。但是，接下来，印第安人被迫撤退，并放弃了他们的土地。

在 19 世纪 50 年代，美国南北方之间出现了巨大差异。美国北部发展了工业和小型农业；美国南部则实行的是依靠黑人农奴制度发展的棉花和烟草种植园。但是北方人想要废除奴隶制，于是十几个南部蓄奴州纷纷独立，想要从美国脱离出来，这就引发了"美国内战"。1860 年当选总统的林肯反对南部独立。于是"美国内战"在 1861 年爆发了，持续到 1865 年结束，造成了 60 万士兵死亡。格兰特将军领导的北方军队，人数更多，装备更精良，他们击败了李将军领导的南方人。奴隶制在 1865 年被废除。

美国经济的繁荣发展

1783 年美国有 350 万人口，在 1914 年，美国的人口达到了 9500 万。逃离苦难和战争的欧洲移民源源不断地乘船抵达纽约。在这里，他们发现了一个充满活力的年轻国家，每个人都可以自由地生活，并取得成功。工业发展，到处都是机器生产，到处都是商店、银行、学校。从 1865 年至 1869 年，美国人在 4 年内设法成功铺设了长达 5000 公里的铁路，将大西洋与太平洋连接起来，他们还挖通了巴拿马运河。1900 年，美国成为世界上的工业强国，美国还通过控制古巴、波多黎各、巴拿马、尼加拉瓜、夏威夷，还有从西班牙购买的菲律宾在境外发展。1914 年，美国是世界上最强大的国家之一。

公元 19 世纪的日本

日本幕府制度

自 17 世纪以来，日本就实行闭关锁国政策。在这期间，日本只保留了与中国、朝鲜还有荷兰的很少一部分联系。国家政局稳定，人民安居乐业，人口稳步增长。皇帝负有宗教角色，住在日本中心的京都宫殿里。

日本打开大门，面向世界开放

在公元 19 世纪中叶，传统的日本世界摇摇欲坠。自鸦片战争以来，美国通过《望厦条约》打开了中国大门，进入中国，美国同时也希望打开日本大门，在日本停留。因此美军海军军官马休·佩里向日本人发出最后通牒：要么他们向美国海军开通几个口岸，要么就爆发美日战争。日本人明白他们拥有的帆船和战斗技能完

美国船只于 1853 年 7 月停泊在东京湾

1853 年
日本对西方打开了大门

1894 年
日本占领了
中国台湾

1750　　1789　1800　　1850　　1867

1867 年至 1912 年：
日本明治时期

全不是美军强大的蒸汽战舰的对手，这些战舰可以逆风驶入江户湾，日本人根本无法击败美国海军。于是，他们同意开放口岸，允许外国船只驶入。

明治维新运动

美军对日本的最后通牒对日本日后的发展非常有益，这迫使日本开通口岸，打开大门，发现了外面的世界。日本的年轻人开始去欧洲和美国的大学学习。他们之中，特别是有一位名叫福泽谕吉的年轻武士，他酷爱科学，偷偷地阅读了大量的英文书籍和荷兰语书籍。他还在他的旅途中学习了很多东西，在他返回日本的时候，他创建了庆应义塾大学。

像福泽一样，年轻的日本人从他们的旅程中带回了新的思想和想法，用来改变日本落后的现状：他们迅速地为他们的军队进行了现代化改革，他们创建了工厂，修改了法律，并恳求由明治天皇代替江户幕府的统治。"明治维新"运动就是指从1867年到1912年这一大刀阔斧的变革。日本因此成为了一个工业强大的国家。日本也希望可以仿效欧洲，建立殖民地统治。1894年，日本对中国发动了战争，占领了中国台湾。1905年，在当时发生了一件令人震惊的事件：日本人击败了俄国沙皇的军队。这是欧洲军队历史上第一次不得不屈服于来自另一个大陆的军队。此时的日本，已经成为了一个强国。

1905 年
日本击败了俄国军队

| 1912 | 1950 | 2000 | 2050 |

殖民主义

建立最后的殖民地

由于工业革命带来的进步和发展，欧洲人口越来越多，他们希望可以找到更多居住的土地。同时，欧洲人也希望可以获得稀有原材料，特别是，18 世纪和 19 世纪的欧洲国家之间经常爆发战争，他们知道战争不能停止，还将继续下去，并且他们也需要为战争作相应的准备。他们之中的任何一个国家都不希望竞争对手可以先于自己抢夺到战争之中将会用到的决定性的，甚至是一般重要的原材料，因此，国家之间就像进行一场比赛，看哪个国家可以尽可能多地、尽可能快地获得更多的殖民地。美国、俄国、日本以及欧洲的其他大国都希望可以拥有属于自己的殖民地。

殖民地遍布世界各地

公元 19 世纪，英国、法国、德国、俄国、意大利、葡萄牙、荷兰、美国、比利时和日本都抢占了新的殖民地。然而，曾经统治世界的西班牙却在本世纪初失去了所有的殖民地。

英国拥有全世界最多的殖民地，包括加拿大、澳大利亚、新西兰、南非和东非地区（包括现今乌干达、坦桑尼亚、桑给巴尔、肯尼亚地区）、尼日利亚、加纳、马耳他、塞浦路斯、新加坡、印度和中国香港。英国还把埃及或苏丹等一些国家变为自己的保护国。

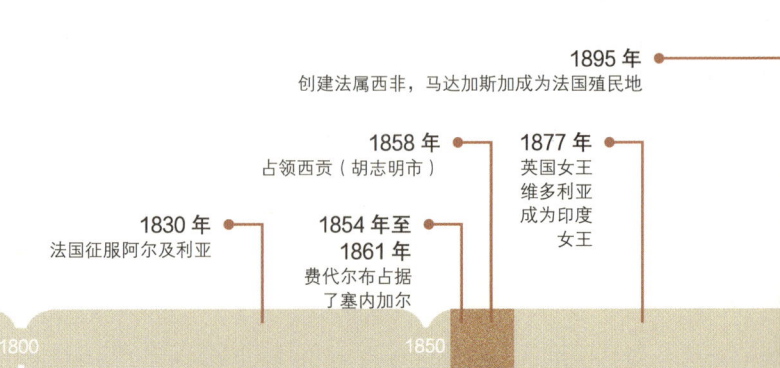

1895 年
创建法属西非，马达加斯加成为法国殖民地

1858 年
占领西贡（胡志明市）

1877 年
英国女王维多利亚成为印度女王

1830 年
法国征服阿尔及利亚

1854 年至 1861 年
费代尔布占据了塞内加尔

1750　　1789　1800　　　　1850

法国的殖民版图

法国同样也是一个殖民帝国的领导者。1830 年，查理十世决定攻打阿尔及利亚，并任命阿卜杜·卡迪尔为埃米尔（穆斯林国家的酋长尊称）负责管理阿尔及利亚国家内部事务。起初，法国和埃米尔之间的关系是亲密的。但是阿卜杜·卡迪尔袭击了法国定居者。由罗贝尔·比若将军率领的法国人随后占领了整个阿尔及利亚。随后，数十万法国人又奔赴了阿尔及利亚。在之后的 132 年间（阿尔及利亚于 1962 年独立），阿尔及利亚属于法国，它甚至构成了法国的 3 个省。

在非洲，费代尔布探索并占领了塞内加尔河的整个山谷。然后法国的存在蔓延到整个非洲。所有被殖民的国家在 1895 年加入法属西非（AOF），另一些国家则在 1910 年加入法属赤道非洲（AEF）。马达加斯加和吉布提也被法国占领，成为法属殖民地。

早在公元 17 世纪，法国就派遣传教士前往印度。由于国王安南在 19 世纪中期迫害了他们，于是拿破仑三世决定夺取西贡市。很快，法国占领了周围所有的地区：老挝、东京、交趾支那（位于越南南部、柬埔寨东南地区）和柬埔寨。法国人也曾到达了中国的广东和上海，并建立了租界区。至于在其他的大陆，在西印度群岛、大洋洲、印度洋，法国也拥有众多岛屿、群岛和领土，其中一些地区直到今天仍属于法国。

1896 年
吉布提成为法属殖民地

1910 年
成立法属赤道非洲

1950　　　　　　　2000　　　　　　　2050

探索与发现

　　直到20世纪初，世界地图仍覆盖着许多白色的未知区域，这里是人们以前在地球上从未探索过的整个区域，特别是在大陆的中心。19世纪和20世纪的一些探险活动帮助人类发现了这些新的土地，并将它们绘制到地图上。

美国的探索

　　1803年，美国总统杰斐逊任命路易斯和克拉克这两名军官远征西部去考察刚刚从法国购买的广阔的路易斯安那州，并探知是否有可能从这里一直连接到太平洋。于是他们组成了一支20人左右的探险队，沿着宽广的密苏里河顺流而上，在当时，没人知道密苏里河的源头在哪儿。

　　在1年半的时间里，路易斯和克拉克两名探险家走遍了路易斯安那州的所有辽阔土地，在当时法国人仍住在这里。法国人还帮助了这些探险者们，并向他们指明了正确的路线，还为他们充当翻译，用所学的印第安语帮助他们与印第安人沟通。终于，探险家到达了位于落基山脉的密苏里河的源头，他们穿过了山脉，然后制作了木筏，乘着木筏，沿着急促的水流顺流而下，划到了山的另一边。在1805年，路易斯和克拉克两名探险家终于在远处看到了太平洋。

"我想，您就是利文斯通医生吧？"

非洲的发现

　　在公元19世纪初，欧洲人对于非洲的内陆所知甚少。在当时，人们只知道撒哈拉沙漠南部有一个名叫廷巴克图的神秘城市。一位名叫勒内·凯

1803年至1805年
路易斯和克拉克两名探险家去路易斯安那州探险

1828年4月20日
勒内·凯利到达廷巴克图

1871年
斯坦利在坦噶尼喀湖附近找到利文斯通

1750　　　　　　　　　1789　　1800　　　　　　　　　　　　1850

利的法国探险家梦想着成为到廷巴克图的欧洲"第一人"。于是，他先去毛里塔尼亚学习阿拉伯语，然后去了塞内加尔。从那里开始，他乔装成穆斯林教徒，这样去麦加朝圣不会引起人们的怀疑，他徒步朝东方走。经过 1 年的艰苦旅程，他在 1828 年 4 月 20 日抵达廷巴克图。其他探险家也去了非洲的内陆进行探险。一位名叫利文斯通的苏格兰传教士、医生，也出发探索这片大陆。他沿着赞比西河上游前进，找到了五大湖地区，还发现了坦噶尼喀湖。

从那之后，人们没有听到他的进一步消息，每个人都认为他已经死了，除了斯坦利。这是一位美国记者，他是第一位出去寻找利文斯通下落的人。直到 1871 年 11 月，当他走到坦噶尼喀湖附近的一个村庄时，他看到一位白人老人。"我想，您就是利文斯通医生吧？"他很自然地问。的确就是他！

南北极地的探险

在白雪皑皑的极地里，人们很容易迷路，于是很少有人愿意冒险去极地探险。1909 年，美国探险家皮里是到达北极的"第一人"。1911 年，挪威探险家阿蒙森决定远征南极，同时英国探险家斯科特也在同一时间出于同样的目的出发去南极探险。在当时，两位探险家为了个人声望或为国家的荣誉而竞争并不罕见。阿蒙森因为拥有更好的设备，并且对那些冰雪之国的地势更加了解，所以，他在 1911 年 12 月 14 日就到达了南极洲，这比英国探险家斯科特早到了 3 周。与此同时，英国探险家斯科特在返程途中因饥寒交迫和筋疲力尽而死亡。

1909 年
皮里到达北极

1911 年 12 月 14 日
阿蒙森到达南极洲

1950　　　　　　　2000　　　　　　　2050

公元 19 世纪科学技术的发展

公元 19 世纪的科学和技术领域取得了巨大进步。以下是科学技术的杰出成果。

科学的进步

由于数学的进步，人类对于行星的运行轨道更加了如指掌，这帮助人类发现了海王星。由于化学的进步，人类对于材料成分有了更加深刻的了解，这促进了人类研制出了化肥，同时还大大提高了玻璃和肥皂制作的生产力，提高了工作效率。法国发明家涅普斯和达盖尔在 1830 年左右还发明出了最早的照片。其他科学家研究了光和热。意大利物理学家沃尔塔、法国物理学家安培和阿拉戈发现了"电力定律"；英国物理学家麦克斯韦和德国物理学家赫兹发现了无线电磁波是存在的，并且在空气中可以传播。法国科学家皮埃尔和玛丽居里发现了放射性元素。

在 19 世纪，人类开始对微小粒子、原子和电子以及像细菌这样的微小生物感兴趣。法国微生物学家路易·巴斯德认为细菌会导致人类疾病，并在 1885 年研制出了最早的疫苗。

人类还研究了生物物种及其进化。1871 年，达尔文证明了人类与猿类有共同的祖先。他认为这些类似于人类的不同物种很明显是先于我们人类出现，像南方古猿、能人、直立人、尼安德特人……地质学家对山脉、海洋和大陆的地壳运动很感兴趣，很

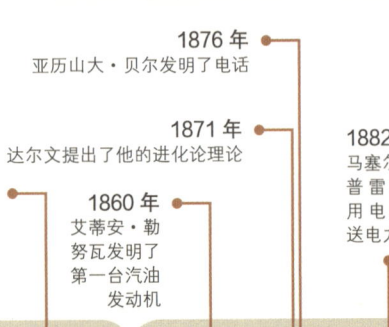

1876 年
亚历山大·贝尔发明了电话

1871 年
达尔文提出了他的进化论理论

1882 年
马塞尔·德普雷设法用电缆输送电力

1840 年
摩尔斯发明了电报

1860 年
艾蒂安·勒努瓦发明了第一台汽油发动机

1830 年左右
涅普斯和达盖尔发明了照片

公元 18 世纪末
孟格菲兄弟发明了热气球

1750　　　1789　　1800　　　　　　1850

明显，自世界初始以来，大陆的形态发生了很大的变化。

新能源的发现

　　所有这些新的发明帮助人类更好地利用自然资源，并通过充分使用自然资源促进人类科技上的进步。蒸汽机是在 18 世纪中叶发明的，用于为机车提供动力。紧接着在 1860 年，一位比利时工程师艾蒂安·勒努瓦发明了汽油发动机（需要精炼石油做原料）。随后，人类就开始勘测油田，这为新工业的发展提供了条件。

　　从 19 世纪初开始，科学家们发现了另一种传播能源和利用能源的新方式：电力。法国科学家阿里斯蒂德·伯格斯利用山区河流的水力发电，1882 年，马塞尔·德普雷通过电缆成功地将电力输送到城镇和村庄。这是一场真正的革命。

新的交通工具和通信方式

　　整个 19 世纪，火车得到了全面的发展。发明家艾蒂安·勒努瓦发明的内燃机为汽车的生产创造了有利的条件。人类也开始了空中旅行。早在 18 世纪末，孟格菲兄弟就发明了"热气球"。整个制作过程是非常完善的，他们创建细长的飞艇，并配备由电机驱动的螺旋桨，用来提高热气球的飞行速度。但真正的变革是飞机的发明。这是美国工程师莱特兄弟、法国工程师克雷芒·阿德尔和巴西工程师桑托斯·杜蒙发明的。

　　由于这些卓越的发明，人类缩短了旅行的时间，这不仅仅体现在人类出行或是货物运输上，同时还有信息的传送。1840 年，发明家萨缪尔·摩尔斯发明了电报。亚历山大·贝尔在 1876 年发明了电话。

　　最后，感谢赫兹、波波夫和马可尼，人类了解无线电波的操作，并利用这个原理发明出了最早的无线电。

路易·巴斯德研制出了最早的疫苗

1885 年
巴斯德研制出最早的疫苗

1950

2000

2050

第一次世界大战

堑壕战中在前线
与红十字会医生交战

战争的开端

1914 年 6 月 28 日，奥匈帝国皇储斐迪南被斯拉夫激进民族主义者在萨拉热窝刺杀身亡。于是，奥地利立刻向塞尔维亚宣战，并认为塞尔维亚是这次事件的唆使者。俄国是塞尔维亚的盟友，因此向奥地利宣战。同时，法国和英国与国结盟，德国与奥地利结盟，就这样，很快欧洲所有国家都卷入到战争中去，这引发了第一次世界大战的爆发。此外，自 1871 年与德国对抗失败，法国人一直想对德国人进行报复，并收回阿尔萨斯省和洛林省。

很快，德国军队冲破了比利时和法国的防线。然而，德军在马恩河战役中被击退，这场战役持续了 1 周，法军取得了胜利，这多亏了霞飞将军的指挥，还有加利埃尼元帅巧妙地征用巴黎的出租车得以迅速地转运更多的补充部队。

堑壕战

马恩河战役结束以后，德法交战双方谁都不能成功地前进一步，两支部队都停滞在此处，于是他们分别在地下挖掘了一条战壕，从而避开了前方的子弹。这场"堑壕战"持续了长达 4 年的时间，是法国历史上造成大量士兵伤亡最严重的一场战役。

通过 19 世纪战争的洗礼，法国和德国的将军们幻想他们可以迅速"刺穿"敌军的防线，也就是说很快地突破敌人的防线并入侵他们。他们有时会在大规模的进攻中发动数万名士兵。但是没有一次是成功的，因为现代武器的使用无法

1871 年
被德军击败的法军失去了阿尔萨斯省和洛林省

1750   1789   1800   1850

实现这种迅速突破防线的作战策略。最可怕的战役从 1916 年 2 月到 12 月发生在洛林省的凡尔登。德军全力攻击，但遭到了法军的顽强抵抗。这场战斗在六个月内造成了超过 70 万士兵的伤亡，甚至没有改变战争的进程。

同盟国的胜利

1917 年，美国的船只经常被德军的潜艇击沉，因此美军也加入到了一战中，与法国和英国并肩作战对抗德军，并为他们提供了强大的工业技术支持。同时，1917 年 11 月乔治·克列孟梭在法国上台执政，这个人行事果断，被称为"法兰西之虎"。他任命福煦将军为总司令，统军作战。在德军三次军事失利以后，德军被迫在 1918 年 11 月 11 日签订了停战协议。

这场战争的打击非常沉重，有 140 万法国人和 200 万德国人在这场战争中丧生。根据《凡尔赛和约》，德国不得不将阿尔萨斯省和洛林省归还法国。德国的所有海外殖民地同时也被剥夺了，并且要求德国解除武装，不可以再拥有军队。

奥匈帝国不再存在，而是被划分为奥地利、匈牙利、捷克斯洛伐克和南斯拉夫这些新的国家，这些国家都拥有共和政权。由于奥斯曼帝国与德国和奥地利结盟，因此被彻底瓜分，仅剩下了土耳其，并且该帝国在远东和北非占据了几个世纪的领土也被夺走了；并且由共和制取代了君主制。

1914 年 6 月 28 日
奥匈帝国皇储斐迪南被刺杀
1914 年 8 月 3 日
德国向法国宣战

1916 年 2 月到 12 月
凡尔登之战

1917 年 4 月 6 日
美国加入到第一次世界大战

1918 年 11 月 11 日
第一次世界大战结束

1950　　　　　　　　2000　　　　　　　　2050

当代文明

政权的对抗

苏维埃体制

从工业革命开始，人们就开始质疑资本主义，认为资本主义是基于对人民剥削和垄断而建立起来的，这对处于贫苦阶层的人民是不公平的。于是，社会主义和共产主义理论应运而生，社会主义理论主张废除私有制。

1917 年 10 月，在布尔什维克杰出领袖列宁的领导下，共产主义革命者发动武装起义，带领人民取得了政权。他们处死了沙皇尼古拉二世，并于 1922 年创建了"苏维埃社会主义共和国联盟"，即苏联。

苏联在列宁的继任者斯大林的领导下进一步进行社会主义改造，用公有制代替了私有制，在各地建立集体农庄，促进农业机械化，有助于提高农业生产，农民也可以在集体所有的农场一起工作。同时，斯大林在主政期间推行三个五年计划，将苏联建设成为一个工业强国。

斯大林

1931 年，根据共产国际要在中国革命成熟的地区成立中华苏维埃共和国的指示，在上海的中共中央决定，在井冈山革命根据地建立中华苏维埃共和国。毛泽东在江西瑞金被选为中华苏维埃共和国（临时）中央政府主席。

法西斯主义

在意大利，总理贝尼托·墨索里尼建立了一种独裁统治，即法西斯主义，其目的是帮助 20 世纪的意大利重回罗马帝国时期的荣耀。为此，墨索里尼还企图取消资本主义，但不完全取消私有财产。他希望国家密切关注经济，对经济的发展给予足够的重视。最重要的是，他希望可以严格

1750　　　　　1789　　1800　　　　　　　　　　1850

限制新闻媒体的自由，控制正常的政治生活，从而达到控制整个社会的目的。

　　1925 年 1 月，刚刚在大选中胜出的墨索里尼宣布，由他创立的法兰西政党是意大利唯一合法的政党，任何政党都不能指责评价它，从而建立了意大利法西斯主义独裁的统治。

纳粹主义

　　对于第一次世界大战的战败国德国来说，1920 年 1 月 10 日正式生效的《凡尔赛和约》中的条款是极其严重的制裁，因此德国并没有真正意义上接受这个条约。此外，当阿道夫·希特勒创建了德国国会第一大党——纳粹党后，利用当时德国人民对《凡尔赛和约》的不满情绪，大肆煽动日耳曼民族主义，成功地蛊惑了数百万德国人，并且赢得了他们的支持。希特勒认为德国人的种族为"雅利安人"，这个种族要优于其他人种，因此必须要征服所有人种，并通过驱逐或屠杀"劣等人种"的方式进行种族清洗。希特勒特别憎恨犹太人，并企图把犹太人变成德国最贫苦和最艰难的人。

　　希特勒于 1933 年执掌政权，并建立了一个专制独裁的极权主义政权，这个政权严格控制公共媒体、政治和居民的生活。所有的自由都不复存在了，希特勒的秘密警察机构——盖世太保通过恐怖手段维护着社会秩序。

　　投票通过反犹太主义，没收了犹太人的财产，限制了他们从事某些职业，禁止与非犹太人结婚……

　　墨索里尼政权于 1935 年与希特勒政权结盟。

希特勒
————

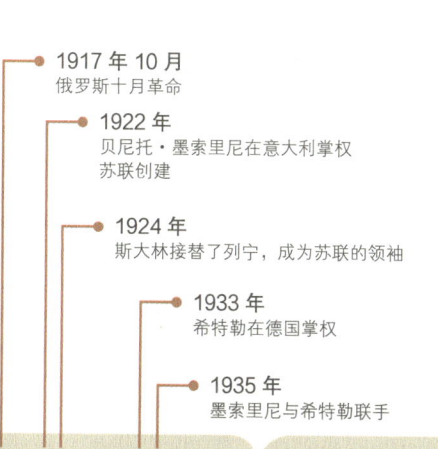

1917 年 10 月
俄罗斯十月革命

1922 年
贝尼托·墨索里尼在意大利掌权
苏联创建

1924 年
斯大林接替了列宁，成为苏联的领袖

1933 年
希特勒在德国掌权

1935 年
墨索里尼与希特勒联手

1950　　　　　　2000　　　　　　2050

第二次世界大战（一）

二战爆发

1938 年，希特勒掌权后的德国先是并吞了奥地利，然后并吞了捷克斯洛伐克。英国和法国对此表现得不够坚定，他们与希特勒签署了《慕尼黑协定》，该协定通过割让捷克斯洛伐克的部分地区来换取欧洲的和平。但希特勒并没有履行这个协定，1939 年 9 月 1 日，德国进攻了波兰。9 月 3 日，英国和法国正式向德国宣战，但是为时已晚，希特勒早已经建立起了一支强大而现代化的军队。

当时，许多法国人认为法国不必惧怕希特勒的袭击，因为事实上法国仰仗着法德边境建造的马奇诺防线的天然屏障——这条防线沿着德国边境建造，贯穿法德边境，起到坚固的保护作用，并用建造者的名字命名。然而几个月以来，这里并没有发起任何军事冲突，也没有哪一方想主动出击，因此这段时间被称为"假战"。

法国的失败和维希政权的建立

1940 年 5 月，德军从北方绕过法国的马其诺防线，入侵比利时。不久，法国和英国的军队被德国军队包围在敦刻尔克。多亏了英国停泊的众多战舰，英军得以在敦刻尔克紧急撤离，但是仍有部分士兵被俘。

至于法国军队，由于被德国空军追逐而混乱，法国不得不宣告战败。随着德国军队的进攻，数百万法国人只带走了几件行李就徒步或骑自行车大规模地逃亡。法国人口的这次大规模逃亡被称为德国军队进驻之前的出走。

德国军队很快抵达巴黎。法国应该继续同德国作战，还是要求停战求和？法国国家元首菲利普·贝当元帅选择了后者，即向纳粹德国投降。与此同时，戴高乐将军于 1940 年 6 月 18 日通过伦敦的英语广播电台发表了

1750　　　　　　　　　　　　1789　　　1800　　　　　　　　　　　　1850

演说，表达了反对此项决议、坚决抵抗纳粹政府统治的决心。法德双方签订了停战协议，协议要求法国北半部归属于德国，南半部仍保持自由，属于自由区。贝当作为元首，建立了维希政权。戴高乐则在伦敦组织了"自由法国"运动，这是一支由几千人组成的军队。

轴心国的建立

希特勒开始认为可以在几个月内迅速结束战争并取得全面的胜利，并决定入侵继续作战的英国。德国开始采用空军作战计划，连续几个月不停地轰炸伦敦和英国南部海岸的其他城市，但由于缺乏足够的飞机和船只，作战行动没有达到目标，德国被迫放弃了这一计划。另一方面，德国同意大利和日本结盟，这个联盟被称为轴心国集团，每个盟国都被指定了占领世界的一部分。但是被指定为占领地中海国家的墨索里尼很快陷入困境，希特勒不得不前来帮助他。意大利入侵巴尔干半岛和希腊，并将军队停在北非，用来威胁英属的埃及。由于英国首相丘吉尔领导的英国人对此进行了非常顽强的抵抗，因此希特勒不得不转向他的另一个目标，即征服东部广阔的领土。因此德国开始入侵国土面积广大的苏联。"巴巴罗萨行动"于 1941 年 6 月 22 日展开，希特勒派出了 400 多万士兵向俄罗斯进攻。

短短几个星期后，德军就打到了莫斯科的大门口……

丘吉尔在德国空中轰炸伦敦后，查明了英国的损失

● **1939 年 9 月至 1940 年 5 月**
"假战"时期

1939 年 9 月 1 日
德国入侵波兰

1939 年 9 月 3 日
英国和法国向德国宣战

1940 年 6 月 18 日
戴高乐将军发表宣言，征召法国人民继续进行反抗德国法西斯的斗争，并在伦敦发起"自由法国"运动，宣布成立"法兰西民族委员会"

1940 年 6 月 22 日
法国签署停战协议，宣布投降

● **1941 年 6 月 22 日**
"巴巴罗萨行动"

1950　　　　　　　　　　2000　　　　　　　　　2050

第二次世界大战（二）

二战的转折点

从 1941 年 12 月开始，战争的进程发生了变化。首先，日本海军对位于太平洋的珍珠港的美军基地进行了一次突袭作战。这次突袭对美国造成了非常严重的破坏，以致美国人民对战争持敌视态度，决定加入到第二次世界大战中进行报复。几个月后的 1942 年 11 月，英军和美军登陆北非。法军总司令亨利·吉罗指挥着一支重要的法国军队加入了英军和美军，将德军赶回到了意大利。

1943 年 2 月，德军在一场堪称是人类战争史上最为惨烈的战役——斯大林格勒战役中伤亡了数十万官兵，因而不得不向斯大林格勒的苏军投降。这场失败成为世界反法西斯战争重大转折的标志事件之一。

维希政权

超过一半的法国领土被德国占领，近 200 万法国士兵沦为德国的囚犯。为了避免德国全面入侵法国，维希政权支持纳粹主义，满足了纳粹政党的许多要求。法国不得不留出大量的农产品和工业产品，并将它们运往德国，这使得法国人民缺乏一切生活必需品。1942 年 7 月，1.3 万名外国犹太人被法国警察逮捕，将他们关在巴黎冬季赛车场里，然后将他们驱逐到集中营里，几乎没有人幸存下来。这次抓捕行动被称为"冬赛馆事件"，是维希政权最耻辱的一次事件。因此，有些法国人反对与纳粹政党的合作。从 1940 年起，法国人民反对维希政府和德国占领当局，抵抗运动蓬勃发展。这些法国抵抗战士数量很少，几乎没有任何武器，他们经常隐藏在山里或丛林里，被称为"马基"——因为马基是一种生长在地中海地区灌木林的名字。

1750　　　　　1789　　1800　　　　　　　　1850

同盟国的胜利

在部分北非地区，英美军队和法国军队先后解放了突尼斯、科西嘉岛、西西里岛，然后是意大利。随后盟军到达了法国的普罗旺斯，然后顺着罗纳河前往德国。为了解放法国北部地区，并粉碎希特勒的统治，盟军于1944年6月6日在诺曼底登陆。来自英国的7000艘战舰穿过英吉利海峡。在船上，有美国军队、英国军队、加拿大军队以及一些法国和波兰军队。许多士兵在诺曼底的海滩上牺牲了，但他们的进攻成功打破了敌人的防线。

在美军和法国勒克莱尔的第二装甲师的指挥下，巴黎在1944年8月25日解放了。

在接下来的几个月里，超过500万人组成的苏联军队最终将德国人驱逐出了苏联，并将他们赶回柏林。因此，德国不得不在1945年5月8日投降。

然而战争在亚洲战场仍在继续。日本反对同盟国，并进行顽强的抵抗。美国政府最终决定在1945年8月6日和8月9日对广岛市以及长崎市发射两颗原子弹，展开核子轰炸。1945年8月14日，日本宣布无条件投降。1945年9月2日，日本代表在东京湾内美国超级战舰"密苏里"号上签署投降书，这意味着第二次世界大战正式宣告结束。这是人类历史上规模最大的世界战争，先后有60多个国家和地区、超过20亿人口卷入战争；据不完全统计，战争中共造成军民伤亡9000余万人。

在广岛投下的原子弹造成了惊人的伤亡人数

其中有一些人死于当时特别恶劣的环境。事实上，通过解放德国，人们发现了数十个集中营和纳粹灭绝营。从1942年起，纳粹政府决定采用"犹太人最终解决方案"，即杀死所有在欧洲的犹太人。总共有500万至600万犹太人在难民营中丧生。但他们并不是纳粹野蛮行为的唯一受害者，在难民营中也包括吉卜赛人、残疾人和政权的反对者。

1943年2月
德军在斯大林格勒溃败

1944年6月6日
盟军在诺曼底登陆

1945年5月8日
德国宣布投降

1945年8月
原子弹轰炸广岛和长崎

1941年12月
日本突袭珍珠港

1950　　　　　　2000　　　　　　2050

当代文明

冷战

伟大联盟的分裂

第二次世界大战结束以后，欧洲遭到了毁灭性破坏，被西方和苏联军队占领的欧洲部分建筑在战争的洗礼和轰炸下被摧毁。然而，那些在战争期间为对抗希特勒统治下德国而形成伟大联盟的国家，在二战胜利以后，却存在着分裂的危险。实际上，在这个联盟中存在着两种对立的社会体系——以美国为代表的西方资本主义阵营和以苏联为代表的社会主义阵营，但这两种不同的经济和政治体系从未发生过任何冲突。这被称为"冷战"，从 1946 年一直持续到 1989 年。

在从纳粹分子手中解放出来的欧洲地区，苏联加强了以苏维埃政权为蓝本的共产主义政权。从 1946 年起，这两个不同的阵营——推行社会主义的东欧和西方资本主义统治的西欧，通过无法越过的"铁幕"而分离开来。

在经历了战争的洗礼后，中国人民在中国共产党的领导下取得了最终的胜利并建立了中华人民共和国，开辟了中国历史的新纪元。从此，中国结束了100 多年来被侵略被奴役的屈辱历史，真正成为了独立自主的国家，中国人民成为国家的主人。1949 年 10 月 1 日

一些东欧国家抗议华约武装力量的入侵，就像 1956 年发生的匈牙利十月事件一样

下午 3 时，北京 30 万军民群众齐集天安门广场，隆重举行开国大典。毛泽东在天安门城楼上向全世界庄严宣告中华人民共和国成立。

两大阵营的对峙

美国人明白他们必须支持西欧，避免西欧国家被夺取政权。于是，美国决定借给西欧一笔钱，提供经济上的协助，用以支持欧洲重建。这被称为"马歇尔计划"。然后，在西方国家之间建立一个军事联盟，称为北大西洋公约组织（NATO）。

而苏联人在 1955 年也创建了一个军事联盟，即华沙条约组织。这两大阵营以冷战形式的军事对抗正式开始。

德国的情况非常严峻，这个国家被分成两部分。在 1945 年，由美国人、英国人和法国人占领的部分成为德意志联邦共和国（FRG），即"西德"；被苏联占领的德国建立了社会主义政党，并取名为德意志民主共和国（GDR），即"东德"。从 1961 年开始，即便是柏林市也被东德人建造的防御墙（用几个围墙、铁丝网、沟渠、瞭望塔等组成）分成了两部分，这道柏林墙的目的，是防止"西德"和"东德"之间人员自由往来。

苏联解体

美国和苏联两大阵营间接地相互威胁、相互竞争，并发生冲突。有几次，两国之间的战争似乎马上就要爆发，但它从未发生过，可能是因为两个阵营的领导人都清楚地意识到，在原子战争的情况下，没有任何赢家，所有国家将被摧毁。另一方面，随着苏联政坛的特权阶层贪腐现象严重，导致苏联政治和经济问题积重难返。1985 年，时任苏联领导人的米哈伊尔·戈尔巴乔夫决定实施改革，但收效甚微。1989 年 11 月 9 日，受戈尔巴乔夫"新思维改革"的影响，存在了近 40 年的柏林墙被推倒拆毁，"东德""西德"终于重新统一了。而在两年后的 1991 年，受种种因素影响，苏联正式解体，许多加盟共和国纷纷宣布独立。

1946 年
术语"铁幕"被第一次使用

1955 年
华沙条约

1961 年 8 月
柏林墙开始建造

1985 年
米哈伊尔·戈尔巴乔夫成为苏共中央总书记

1989 年 11 月 9 日
柏林墙倒塌

1990 年 10 月 3 日
两德统一

1991 年
苏联解体

1950　　　　　　　2000　　　　　　　2050

当代文明

非殖民化

新的背景环境

欧洲国家经历了第二次世界大战以后，都受到不同程度的破坏。在殖民地人民的眼中，欧洲大国的影响力也逐渐下降。此外，来自殖民地国家的一些士兵参加了解放欧洲的战争。殖民地国家的人民想知道为什么他们自己不能重新获得自由。因此，欧洲国家意识到，必须逐渐地将过去的殖民地进行非殖民地化，然后在彼此信任和经济合作的基础上与他们建立新的合作关系。

印度的非殖民化

英国占领了印度长达两个世纪之久，这里是英国最大的殖民地，也是英国人感到最骄傲的一个殖民地。然而，此时的英国决定让印度重获独立和自由。首先，在当时，第二次世界大战以后，英国需要大量资金用于重建，而维持殖民地统治所付出的成本则比从殖民地获得的收益要高得多。

其次，印度民众也渴望脱离英国的殖民地统治，争取民族独立。他们在莫罕达斯·甘地的说服下，决

甘地采取和平的方式抵抗英国，抵制英国产品并阻止产品运输。在图中可以看到，人们躺在铁轨上以阻挡火车向前行驶

定采取最原始的方法，即非暴力不合作的方式争取印度独立。

印度的非殖民化并不简单。英国总督蒙巴顿勋爵同印度教尼赫鲁和伊斯兰教阿里·真纳共同商议非殖民化的条款。然而，真纳提议将印度分成两个国家，一个是由印度教组成的印度，另一个是独立的伊斯兰国家，并将这个国家命名为"巴基斯坦"。

1200万人不得不离开故土，几个星期以来还发生了一场可怕的内战，造成了数十万人死亡。

甘地

法属殖民地的脱离

阿尔及利亚是最靠近法国的法属殖民地。法属殖民地被分为三个省，阿尔及利亚很早就被法国占领，比尼斯和萨沃伊更早。近100万欧洲人居住在那里，被称为"黑脚"。阿尔及利亚的大城市与法国城市一样现代。然而，尽管这些伟大的建筑有助于这个国家，许多阿尔及利亚本地人还是不满意，特别是那些远离舒适城市的农民。

1954年至1962年，在阿尔及利亚爆发了一场战争，最终，法国戴高乐将军签署了《埃维昂协议》，该协议承认阿尔及利亚脱离法国而独立，成为一个独立主权国家。所有不是穆斯林的法国人都不得不离开阿尔及利亚并定居法国。

为了反对法国恢复殖民统治、争取和维护民族独立，越南、老挝、柬埔寨人民也进行了一次解放战争，历史上称之为第一次印度支那战争。这场战争在1954年结束。

最后，法国也承认了法属西非国家和法属赤道地区非洲国家独立。

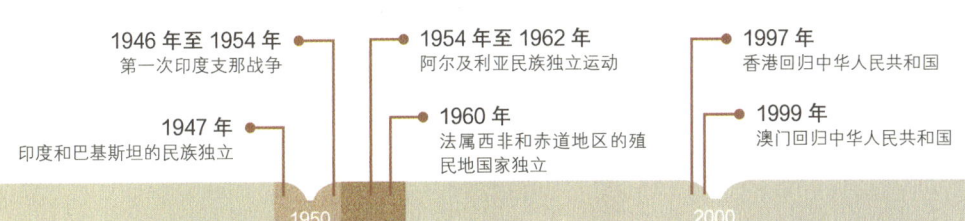

1946 年至 1954 年
第一次印度支那战争

1954 年至 1962 年
阿尔及利亚民族独立运动

1997 年
香港回归中华人民共和国

1947 年
印度和巴基斯坦的民族独立

1960 年
法属西非和赤道地区的殖民地国家独立

1999 年
澳门回归中华人民共和国

1950　　　　2000　　　　2050

欧盟建立

建立欧洲一体化的概念

在连续经历了两次世界大战的冲击后，整个欧洲遭到了毁灭性破坏。在 20 世纪 50 年代，法国的外交家、政治家让·莫内和罗贝尔·舒曼，意大利政治家阿尔契德·加斯贝利，还有德国政治家康拉德·阿登纳希望促进欧洲和平，维持欧洲的和平稳定。尽管欧洲国家之间曾多次爆发战争，但是这些欧洲国家之间仍有许多共同点，比如：到处布满古希腊、古罗马遗址，推崇基督教文化和人文主义，崇尚科学和艺术，追求个人自由，尊重民主和法制。因此，似乎在这些价值观问题上欧洲国家之间可以达成一致，欧洲一体化进程似乎比想象得更加容易，无论从政治上——欧洲国家都经历了罗马帝国、查理曼大帝，还有拿破仑的统治，

欧盟议会所在地和欧盟的会旗

还是在思想上——整个欧洲国家都崇尚基督教、人文主义和启蒙主义思想。

罗马条约

1954 年，让·莫内和罗贝尔·舒曼创建了欧洲煤钢共同体（ECSC）。条约规定法国和德国两国应该集中开采煤炭，炼制钢铁，实现相互控制，这样就使得任何一个国家都不能在对方没有警觉的情况下发动战争。

面对《罗马条约》的成功，欧洲国家决定建立一个"共同市场"，也就是一系列国家之间可以实现人员自由流动和贸易自由。1957 年，在《罗马条约》的基础上，"欧洲经济共同体"（EEC）正式建立。起初，"欧洲经济共同体"共有 6 个创始国：法国、德国、意大利、比利时、荷兰和卢森堡。

1973 年，英国、爱尔兰和丹麦加入"欧洲经济共同体"；1981 年，希腊加入其中；1986 年，西班牙和葡萄牙也加入了"欧洲经济共同体"。

欧洲一体化加强

柏林墙倒塌后，许多东欧国家也想加入到欧洲一体化中。1991 年通过《马斯特里赫特条约》，"欧洲经济共同体"更名为"欧盟"，并确定了加入欧盟成员国的条件。截至 2015 年，欧盟有 28 个成员国。该条约还确定了欧盟成员国公民都是欧盟公民，同时推出了欧元作为共同货币。欧元在 2002 年正式流通，28 个成员国中有 19 个成员国使用欧元。今天，欧盟拥有 5 亿公民。欧盟拥有自己的会旗，会旗为天蓝色底，上面有金黄色的星星，会歌是由贝多芬创作的《欢乐颂》。

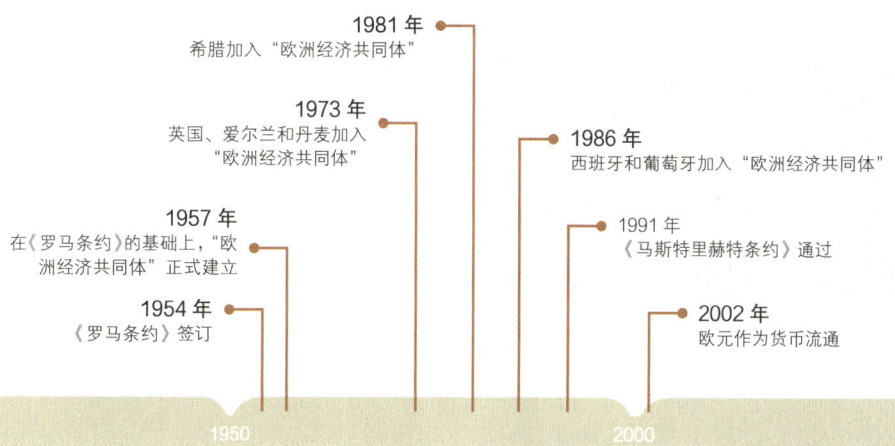

1981 年
希腊加入"欧洲经济共同体"

1973 年
英国、爱尔兰和丹麦加入
"欧洲经济共同体"

1986 年
西班牙和葡萄牙加入"欧洲经济共同体"

1957 年
在《罗马条约》的基础上，"欧洲经济共同体"正式建立

1991 年
《马斯特里赫特条约》通过

1954 年
《罗马条约》签订

2002 年
欧元作为货币流通

1950   2000   2050

20 世纪和 21 世纪的科学技术（一）

人类是探险家。当他们发现了整个星球时，他们继续探索，一直坚持不懈地探索，去探索无限小和无限远的星球。

物理学的发现

在 20 世纪，人类发现了一个新的世界，即原子及其组成部分，同时还有影响这些微小物体的运动规律。起初，人类意识到物质由原子组成，原子首先结合成分子，从而产生不同类型的物质。原子内部有一个原子核，在这个原子核外有电子围着。

人类还意识到光，无线电波和 X 射线实际上是同一种电磁波，但频率不同。科学家很快就将这一发现应用到实际中。

有些科学家还改进了广播和电视，多

阿尔伯特·爱因斯坦是 20 世纪最伟大的科学家之一，他在原子领域研究颇有建树

1885 年
巴斯德研制出最早的疫苗

1750　　　　1789　1800　　　　　　1850

亏了地球周围旋转的人造卫星，科学家们还发明了全球定位系统（GPS），这样能为人类在地球上任何地区提供准确的定位。科学家们继续探索无限小的粒子，他们发现比电子更小的粒子，如介子和夸克。

原子间的化学结合

化学科学也对研究原子理论充满兴趣，化学科学家首先通过了解原子的组成部分，从而描述原子的结构。然后，他们通过实现原子或分子的新组合，创造出了自然界中本不存在的物体。比如，他们把石油制成了塑料。环顾你身边的各种塑料制品，我们无法想象没有这些塑料制品我们的生活会变成什么样子。

今天，人类也知道如何制作只能在显微镜下看到的物体。这就是纳米技术。这种技术在工业和医药领域有很多应用。

生物学和医学的进步

就像其他所有事物一样，人类也是由物质构成的。生物学家研究了人类这种生物，发现了人类的器官是由细胞组成的。在 20 世纪三四十年代，伟大的生物学家们还发现了这些细胞之所以繁殖是因为它们具有脱氧核糖核酸（DNA），DNA 就是每个生物都有的不同于其他生物的长分子。基因是 DNA 的一小部分，决定了人、动物或植物的特征，如大小、颜色等。最近，科学家们还意识到我们可以通过改变基因对抗那些从我们出生那一刻就会遗传的疾病。

医学在 20 世纪取得了惊人的发展。今天，人类可以很轻易地治愈曾经可以致命的疾病。疫苗和抗生素的发展可治疗数百万人。电子图像可以更好地了解人身体的内部结构。器官移植也不再是梦。凭借科学家们对 DNA 知识的了解，对于细胞知识（可以自我更新的细胞）的应用，我们可以很快再生患病器官。谁知道是否人类有一天会长生不老呢？

1945 年
在广岛和长崎
投放原子弹

1967 年
历史上第一次人类心脏移植手术

1950   2000   2050

20世纪和21世纪的科学技术（二）

信息技术

自第二次世界大战以来，计算机已经被发明出来，并且被不断完善，计算机的发明可以用于处理信息。计算机科学属于信息技术发展。在20世纪70年代和80年代，计算机科学家设法将计算机与电话线或无线电波连接起来，创建了一个称为互联网的网络时代。互联网技术不断发展，使世界各地的沟通变得更加轻松和快捷。

人类也开始了解动物之间是如何沟通的。通过研究动物的行为，德国科学家康拉德·洛伦兹建立了动物行为学理论，通过这个理论，人类可以更好地了解动物的表达方式。更好的是，人类现在能够教一些猴子学习人类的话！

发现无限的宇宙

人类一直着迷于对天体、行星和恒星的研究。在20世纪和21世纪，天文学和天体科学得到了闪电般的发展。人类已经能够测量地球与恒星的距离，了解到人类是生活在一个拥有数十亿颗恒星的巨大星系中，但是地球周围仍有数十亿个其他星系，每个星系都有数十亿颗恒星！

现在，天文学家利用日益强大的望远镜观测宇宙，他们发现这些星系正相互远离。

这说明宇宙正在扩张，这意味着宇宙正在变得越来越大。这可能也说明了宇宙起初只是一个小点，在13亿或14亿年前，这一小点爆炸并催生了宇宙，这就是宇宙"大爆炸"理论。

在人类所有的成就中，征服太空是他们最引以为傲的事之一。1969年7月20日，美国宇航员尼尔·阿姆斯特朗成为了在月球上行走的"第一人"。从那以后，人类并未停止脚步，更先进的飞行器还降落在火星上，其他飞

行器甚至探索到了更远的行星。

人们已经发现，在银河系中有数十亿颗其他行星，其中数千个可能与地球相似，并且可能拥有生命。在人类进化了几百万年以后，人类的冒险才刚刚开始！

1969 年 7 月 20 日，尼尔·阿姆斯特朗成为了在月球上行走的"第一人"

1957 年
空间探索的开始

1969 年 7 月 20 日
美国人登陆月球

1950

2000

2050

ⓒ 热罗姆·莫夫拉 以马内利·埃迪安 让-诺埃尔·霍舒特 刘小琳 2020

图书在版编目（CIP）数据

世界历史 / (法)热罗姆·莫夫拉著；(法)以马内利·埃迪安,(法)让-诺埃尔·霍舒特绘；刘小琳译
. — 沈阳：万卷出版公司，2020.3
（有趣的插画历史百科书）
ISBN 978-7-5470-5277-8

Ⅰ.①世… Ⅱ.①热… ②以… ③让… ④刘… Ⅲ.①世界史—通俗读物 Ⅳ.①K109

中国版本图书馆CIP数据核字（2020）第004319号

出 品 人：刘一秀
出版发行：北方联合出版传媒（集团）股份有限公司
　　　　　万卷出版公司
　　　　　（地址：沈阳市和平区十一纬路25号　邮编：110003）
印 刷 者：辽宁新华印务有限公司
经 销 者：全国新华书店
幅面尺寸：185mm×260mm
字　　数：150千字
印　　张：10
出版时间：2020年3月第1版
印刷时间：2020年3月第1次印刷
责任编辑：赵新楠
责任校对：佟可竟
装帧设计：🔲鼎籍文化创意
ISBN 978-7-5470-5277-8
定　　价：58.00元
联系电话：024-23284090
传　　真：024-23284448

常年法律顾问：李　福　版权所有　侵权必究　举报电话：024-23284090
如有印装质量问题，请与印刷厂联系。联系电话：024-31255233

该书灵感来源于 2012 年由 la Librairie des Écoles 出版，菲利普·内莫创作的《历史手册 3》。

插图来源
第 8 页：LEEMAGE
第 11 页，第 14 至 37 页，第 43 页，第 45 至 47 页，第 50 至 52 页，第 57 至 67 页，第 70 至 71 页，第 76 至 84 页，第 89 至 126 页，第 128 至 151 页，第 154 至 157 页：LOOK AND LEARN